审订寄语

你是否也喜欢抬头凝视美丽的夜空？我们在鳞次栉比的高楼中间寻找着月亮的影子，遥望星星在夜空中闪烁的光芒。天气好的话，走进森林中，你将有机会发现满天闪耀的星星。

夜空中明亮的月亮和星星就是宇宙的主人，而我们仅凭双眼就能领略迷人的星空之美。但是除去星与月，宇宙中还存在着很多不为人知的"角色"静候我们去观测、去发现。人类利用天文望远镜和太空探测器等设备，探索天体未知的奥秘，持续获得宇宙的最新动态。比起只能用肉眼观测夜空的时代，当今的人类了解到了更为宏伟壮阔的神秘世界——宇宙。

从可直观了解星座世界的趣味星图，到可以借助天文望远镜看到的其他天体；从太空探测器获得的第一手情报，到宇宙的方方面面，仅此一册图鉴便囊括了几乎所有你应了解的宇宙知识。希望大家能从本书有限的图片资料中感受到宇宙的宏伟与多彩，在字里行间了解宇宙的无垠与震撼。

审订 / 渡部润一
日本国立天文台副台长、教授

浪花朵朵

MOVE图鉴

宇宙

日本讲谈社 编

郭薇 译

中原出版传媒集团
中原传媒股份公司

大象出版社

·郑州·

在 广阔的宇宙中发现生命之源！

最近，科学家使用最新的阿塔卡马大型毫米波/亚毫米波阵列（ALMA），在一颗新生的恒星周围首次发现了构建生命的基本成分——糖分子。如果接下来即将形成的行星将这些糖分子吸收的话，就有可能像我们的地球一样孕育生命！

➡第88页

金 星凌日

这是"日出号"太阳观测卫星拍摄到的珍贵画面。2012年6月6日，金星掠过了太阳的表面，也就是说发生了金星凌日的奇观，这是当太阳、金星和地球排成一条直线时形成的罕见现象。此次金星凌日在东亚也可以观测到，而下一次金星凌日则要等到2117年了。

➡第27页

Space News
宇宙新闻速递

囊括最受瞩目的宇宙新发现、新动态！

艾 森彗星的殒灭！

左图为国际光学监测网（ISON）发现的艾森彗星。这颗彗星从太阳系的边界——奥尔特云千里迢迢地赶来，于2013年11月飞到了近日点，离太阳仅110万千米。科学家一开始估计它的亮度在夜空中将达到肉眼可见的程度，然而后来美国国家航空航天局（NASA）遗憾地宣布，在我们能用肉眼看到它之前，它已经在太阳的炙烤下解体，然后蒸发了。艾森彗星诞生于太阳系形成之初，历经数十万年的时间向着太阳系的中心飞来，最终迎来了灰飞烟灭的结局。

➡第72页

民间宇宙飞船向宇宙进发

由美国私人航天企业制造的货运飞船"龙飞船"成功地向国际空间站（ISS）运送了食物等物资，随后顺利返回地球。过去，向宇宙运输物资的任务一直是由政府机构来完成的，而现在，越来越多的私人企业正在参与进来。

➡ 第151页

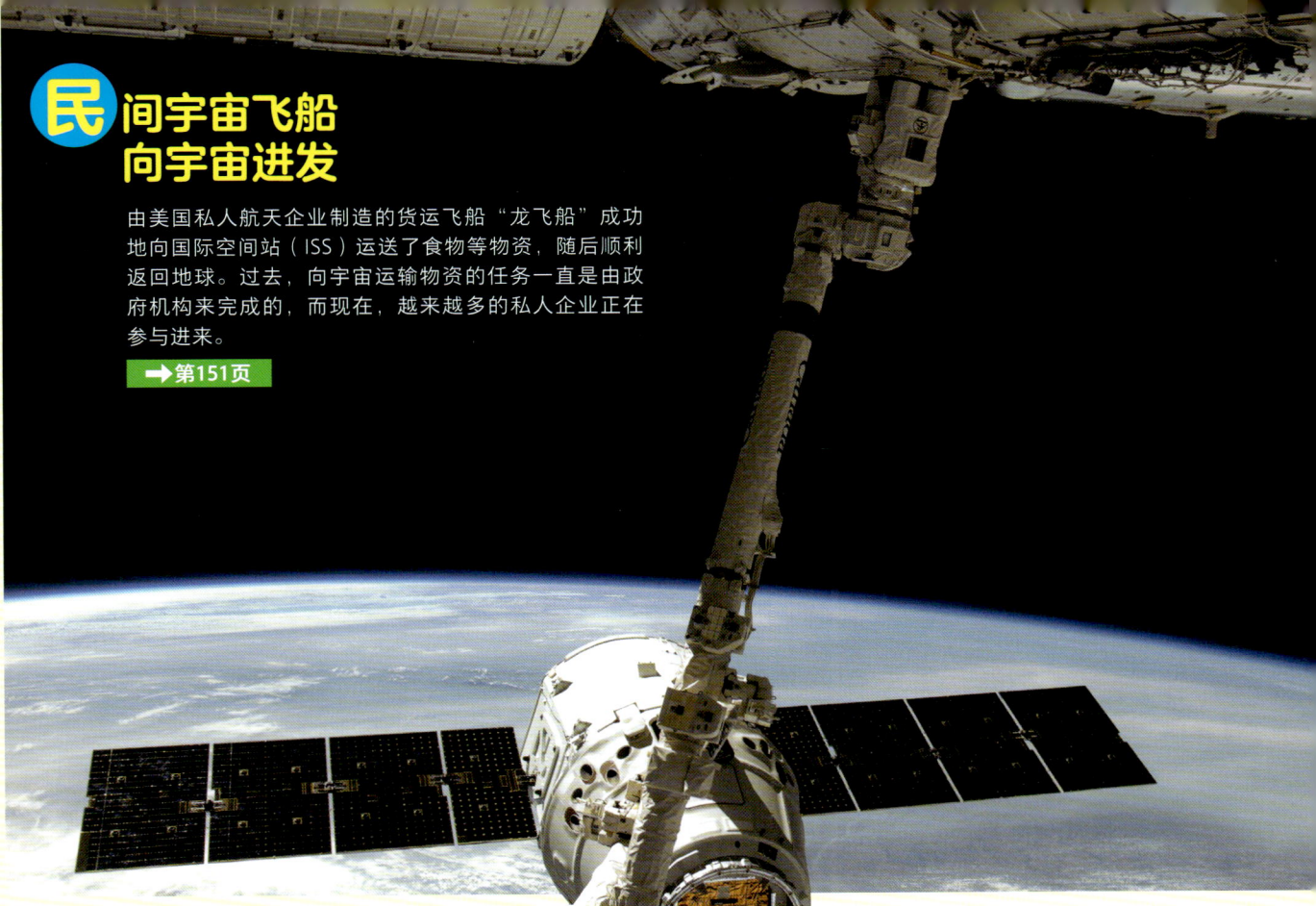

好奇号火星探测器踏上火星大地

这是由NASA的火星探测器"好奇号"拍摄到的夏普山的地层。说不定火星上的地层也和地球一样是在海洋、河流、火山的作用之下形成的呢。

➡ 第49页

"好奇号"的3D示意图。

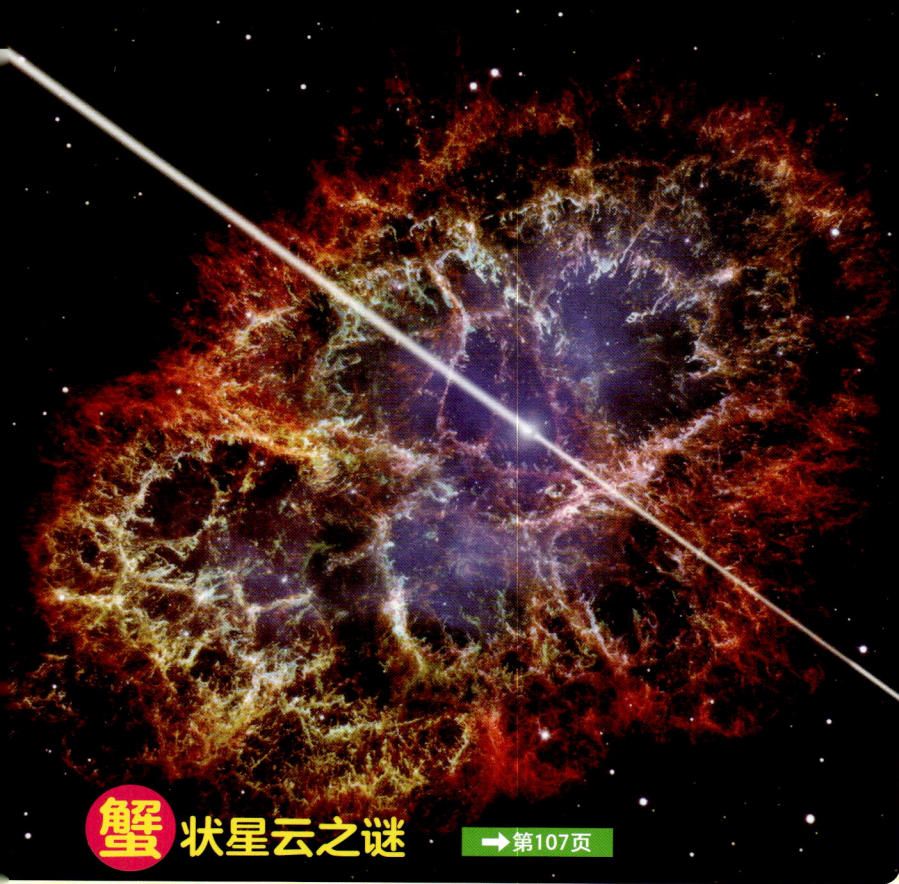

蟹状星云之谜 → 第107页

上图为蟹状星云中心的脉冲星的示意图。它的本质是中子星，能够释放出巨大的能量。2011年，科学家观测到那里发生了天文观测史上来自脉冲星的最大的一次高能波段（伽马射线波段）能量释放。

死里逃生的海山二 → 第104页

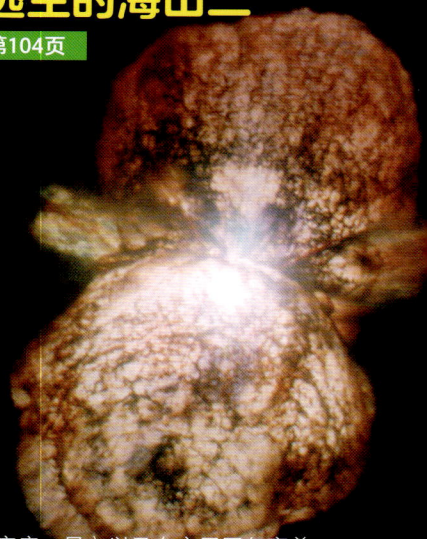

图为海山二（船底座 η 星）以及在它周围包裹着的侏儒星云。19世纪时，它本来已经膨胀至爆发的边缘，却又戛然而止了，可谓是逃过了一劫。科学家认为海山二在不远的将来会发生超新星爆发，为自己作为恒星的一生画上句号。

史无前例！探测器在彗星着陆 → 第71页

2014年11月13日，欧洲航天局（ESA）的彗星探测器"罗塞塔号"所搭载的着陆器"菲莱号"在丘留莫夫-格拉西缅科彗星表面成功着陆。这是人类探测器首次在彗星表面着陆。图为"菲莱号"在距离彗星表面3千米的位置拍摄的照片。

接连被发现！太阳系外行星 → 第114页

地球是我们赖以生存的家园。在广袤的宇宙中，是否还存在着和地球类似的行星？为了解开这一疑惑，科学家始终没有停止对太阳系外行星的观测和探寻。上图为拥有两个太阳的行星的假想图。科学家认为这样的星球在宇宙中并不罕见。

暗能量相机正式启动！

➡ 第140页

最近，地球上像素最高的相机正式投入使用，它的名字就叫暗能量相机。这台相机能够捕捉到来自80亿光年外的宇宙的光，协助科学家向宇宙中最大的谜团之一——暗能量发起挑战。

神秘的大爆炸——伽马射线暴

➡ 第93页

最近，日本研制的小型太阳光帆验证机"伊卡洛斯号"成功观测到了宇宙中最剧烈的爆炸——伽马射线暴。这种爆炸能产生高能光束，向特定的方向发出。'伊卡洛斯号'的观测结果表明，伽马射线暴发生在强大的磁场之中。

迷雾重重的暗物质

➡ 第138页

暗物质是一种无法被观测到的物质，以前科学家认为暗物质存在于明亮星系的内部或附近，然而最近他们发现，在远离星系群的荒僻之处也有暗物质的存在。

目 录

CONTENTS

我会在每个专题的开头，给大家介绍一下这个专题的重点内容。如果遇到了比较难的术语，请参考页面下方的「术语集」。

术语集

渡部博士

宇宙这么大，我想去看看！

尼尔

让我们赶快出发，感受宇宙的精彩纷呈吧！

尤里

第一章

太阳系
The Solar System

太阳系主要天体 ………… 14
太阳 ………… 16
太阳磁场 ………… 18
太阳风 ………… 20
水星 ………… 22
金星 ………… 24
金星的地貌 ………… 26
水星与金星的观测 ………… 27
地球① ………… 28
地球② ………… 30
地球③ ………… 32
地球与月球的诞生 ………… 34
月球 ………… 36
挑战登月 ………… 38
月球的公转与自转 ………… 40
日食与月食 ………… 42
火星 ………… 44
火星的地貌 ………… 46
火星探测器 ………… 48
追寻小行星 ………… 50
陨石与撞击坑 ………… 52
小行星带 ………… 53
木星 ………… 54
木星的卫星 ………… 56
木卫二 ………… 58
土星 ………… 60
土星的卫星 ………… 62
天王星 ………… 64
海王星 ………… 66
冥王星与海外天体 ………… 68
彗星 ………… 70
太阳系的尽头 ………… 72
太阳系的诞生 ………… 74
太阳系的结局 ………… 76

"机遇号"火星车拍摄的火星照片

背景图片是火星漫游车"机遇号"于2004年在火星上拍摄的，由多张照片拼合而成。从图中可以看出，火星地表一片干涸，寸草不生。

➡ 更多信息请参见第44页"火星"。

第二章

天文观测 *Space Observation*

全家一起观测天文 ·········· 80

夜空的星座 ·········· 82

昴星团望远镜 ·········· 86

ALMA ·········· 88

斯皮策空间望远镜 ·········· 90

X射线望远镜 ·········· 92

伽马射线望远镜 ·········· 93

新一代望远镜 ·········· 94

这是一张经过后期加工的图片：将"机遇号"模型图合成到"机遇号"所拍摄的图片之上。本书还会有许多探测器和空间望远镜将以这种形式登场。

目　录　CONTENTS

第三章

恒　星　*Star*

恒星的种类	98	双星与变星	108
恒星的一生	100	疏散星团与球状星团	110
恒星的诞生	102	星云	112
恒星的结局①	104	系外行星①	114
恒星的结局②	106	系外行星②	116

哈勃望远镜拍摄的"神秘山"

这是由哈勃空间望远镜拍摄的船底座 η 星云的局部。在这里，恒星接连不断地诞生着。这张图上，尘埃与气体组成的云团仿佛一座崎岖的山峰，故称神秘山。

第四章

银河与星系

The Galaxy & Galaxies

银河系的形状……………………120

本星系群……………………………122

各种各样的星系……………124

黑洞与活动星系……………126

黑洞的融合……………………128

星系团……………………………130

宇宙的全貌……………………132

第五章

宇宙学 Cosmology

从"无"中诞生的宇宙·······················136
宇宙的演化与暗物质·····················138
暗能量与宇宙的未来·····················140

飞向太空的航天飞机

航天飞机是一种能往返于太空和地面之间的载人航天器，它的最大特征就是可以重复使用。它由大约250万个零件组成，被认为是人类目前造出的最为复杂的机器。从1981年首次发射到2011年停飞，航天飞机共出征宇宙135次，为ISS的建设以及其他众多宇宙研究做出了杰出贡献。

➡更多信息请参见第150页"宇宙飞船"。

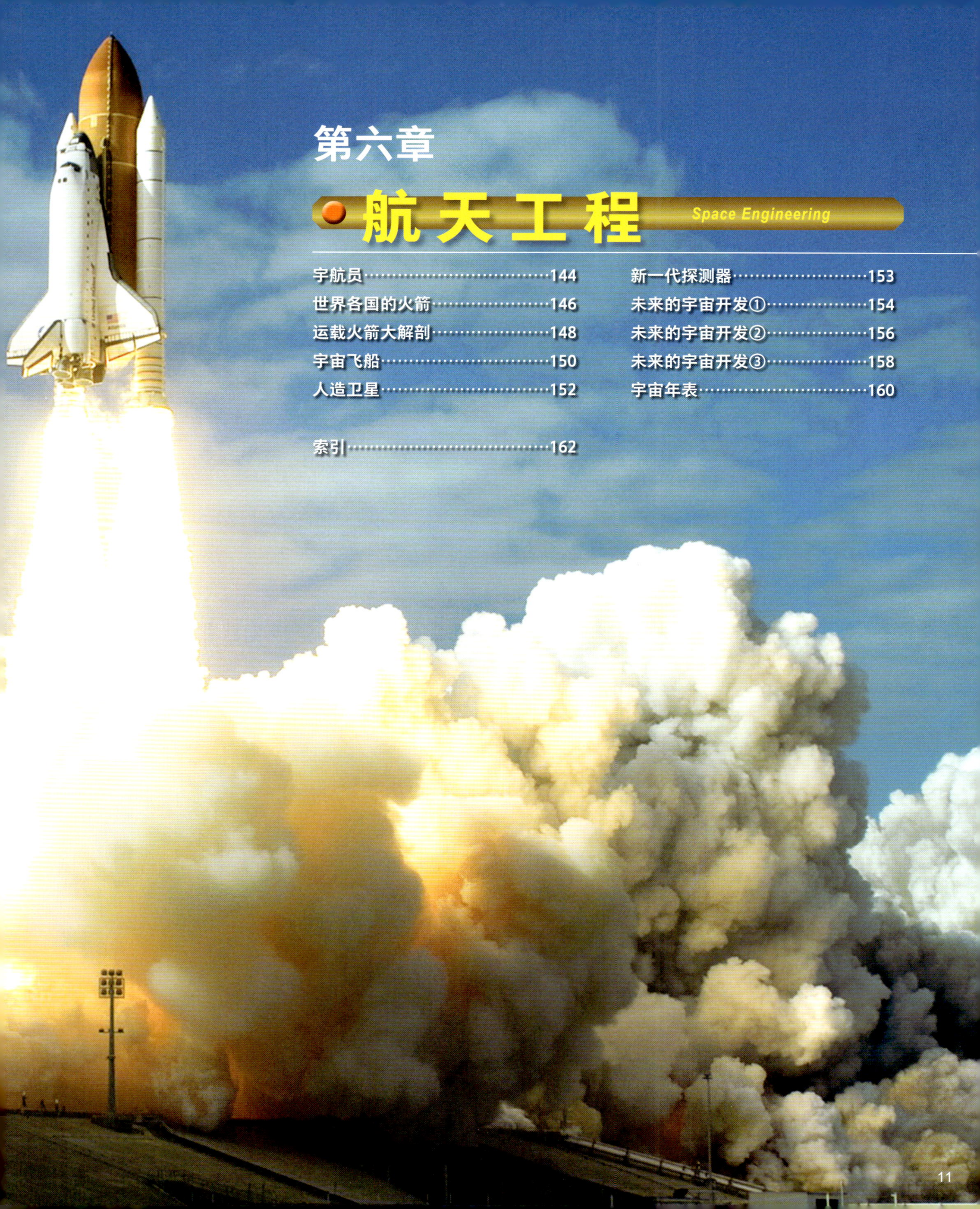

第六章

航天工程 *Space Engineering*

宇航员 ……………………………… 144

世界各国的火箭 ………………… 146

运载火箭大解剖 ………………… 148

宇宙飞船 ………………………… 150

人造卫星 ………………………… 152

新一代探测器 …………………… 153

未来的宇宙开发① ……………… 154

未来的宇宙开发② ……………… 156

未来的宇宙开发③ ……………… 158

宇宙年表 ………………………… 160

索引 ……………………………… 162

海王星

旅行者2号

拂晓号

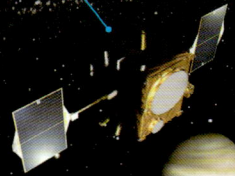

金星

水星

太阳

第一章
太阳系
The Solar System

隼鸟号

天王星

太阳光帆

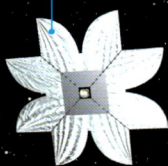

在我们的太阳系中，各种天体——行星、矮行星和绕着它们转动的卫星，以及小行星和彗星，都以太阳为中心恢宏地旋转着，周而复始；至今已过去了 46 亿年的时光。一万多年前，我们的祖先就已经开始观测夜空的群星，并为行星等天体的运动而着迷。而现在，我们已经能把人类送上月球，还向水星、金星、火星、木星和土星等行星发送了无人探测器，对太阳系的谜团发起了挑战。然而，太阳系如此广阔，未知的领域还有很多，我们的探索只是刚刚开始！

地球

火星

木星

彗星

小行星带

土星

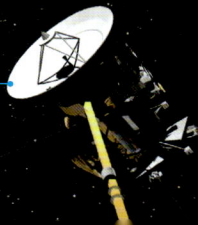

卡西尼号

A. Ikeshita

太阳系主要天体

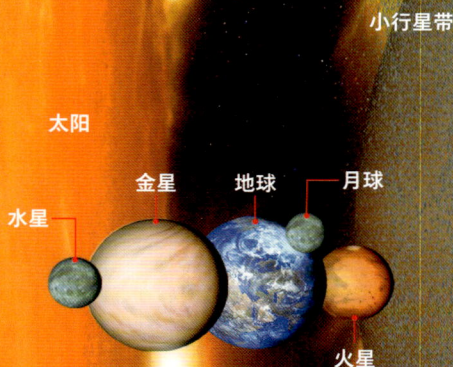

小行星带

太阳

金星

地球

月球

水星

火星

木星

与太阳的距离

地球距离太阳约1.496亿千米，科学家把这一距离称为1天文单位（AU）。用这个单位来衡量各行星到太阳的距离十分方便：水星约0.4AU，金星约0.7AU，火星约1.5AU，小行星带约1.8—4.2AU，木星约5.2AU，土星约9.6AU，天王星约19.2AU，海王星约30.1AU。我们可以把1天文单位当作1厘米，在尺子上标出各行星对应的位置，就能直观地感受到行星在太阳系中的分布位置了。

太阳

水星（约0.4AU）

地球（1AU）

火星（约1.5AU）

金星（约0.7AU）

木星（约5.2AU）

土星（约9.6AU）

土星

天王星

海王星

渡部博士小讲堂！

从水星到火星的这4个行星都由岩石构成，和地球相似，故称为类地行星。火星和木星之间有一条小行星带，那里聚集着许多岩质的小行星。再外侧就是比类地行星大很多的巨行星。太阳系最大的行星木星、第二大的行星土星，都是由岩质的核以及外面包裹着的气体外层组成，这样的行星叫作气态巨行星。而大小位列第三、第四位的天王星和海王星，尽管表面也被气体包裹，但内部主要由冰构成，这样的行星叫作冰质巨行星。这些天体拥有现在的形态绝非偶然，它们的大小和构造是在太阳系逐步形成的过程之中逐渐确定下来的。

原来大小差这么多啊！

颜色和构成也不一样！

天王星（约19.2AU）

海王星（约30.1AU）

爆炸的能量火球

太阳

渡部博士小讲堂！

太阳是太阳系内最大、最重的天体。太阳的中心部分能产生巨大的能量，使太阳发光发热，熊熊燃烧，并向包括地球在内的太阳系所有天体源源不断地输送光和热。太阳除了会持续释放出高温气体——太阳风※（第20页），偶尔也会发生剧烈的爆炸，一次性释放出大量的高能粒子。

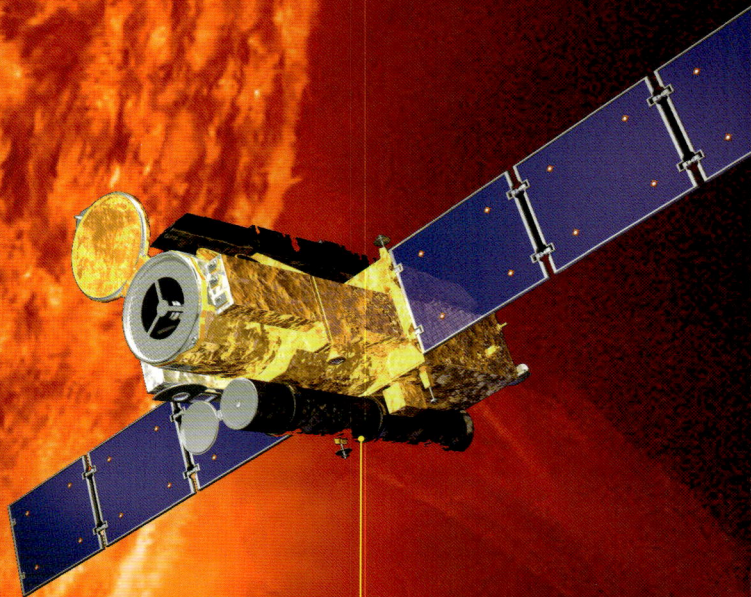

日出号太阳观测卫星

为了揭开太阳的神秘面纱，太阳观测卫星※"日出号"于2006年9月23日发射升空，至今仍在运作，为耀斑等太阳现象的研究提供了许多宝贵的数据，成果累累。"日出号"是一颗由日本主导发射，多国参与研制的观测卫星，汇聚了世界各地研究机构和研究人员的心血。

米粒组织

细看光球层，上面仿佛聚集着许多小颗粒，这种颗粒状的斑纹就是米粒组织。如米粒般独特的纹理是由光球层内侧的气体不断翻涌、下沉而形成的。

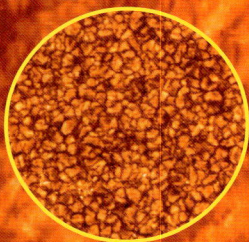

光斑

光球层上白色的部分就是光斑。这些斑点的温度比周围高很多，所以看上去亮得发白。

图为美国太阳观测卫星SDO利用声波拍摄的太阳的照片。

太阳黑子

散布在光球层表面的黑色斑点就是太阳黑子，其温度只有4000℃左右，比周围温度要低，所以看起来较"黑"。黑子也是从太阳表面飞出的磁感线※（第18页）的起点。

日珥

日珥是一种在色球层上发生的太阳活动。色球层是光球层外侧的一层很稀薄的大气※。色球层的气体沿着磁感线的方向朝外喷射，形成了火舌一般的日珥。

◇太阳风：本质为等离子流，即高温带电粒子流。 ◇观测卫星：在天体周围环绕飞行，对天体进行观测的机器。
◇磁感线：表示磁场分布的曲线。条形磁铁周围的磁感线从N极出发，进入S极。 ◇大气：将地球等行星或卫星包围起来的气体。

太阳的内部

位于太阳中心部的核反应区是不断产生能量的地方。其外侧是辐射区，能量通过这里向外层输送。内部的最外层为对流层，气流在此层循环流动，源源不断地将太阳内部的能量向外传递。

核聚变

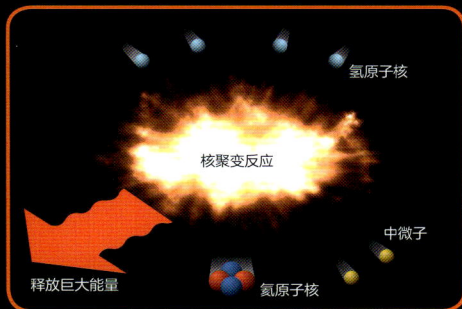

氢原子核
核聚变反应
中微子
释放巨大能量
氦原子核

在太阳的核反应区内时刻发生着一种叫作核聚变的反应。在这种反应中，4个氢原子核融合成1个氦原子核，同时释放出巨大的能量。

太阳耀斑

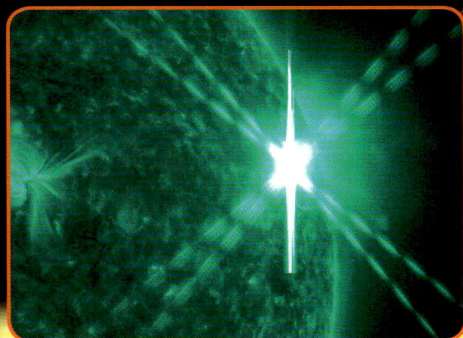

色球层

光球层的外侧就是太阳的大气层——色球层，由一层稀薄的气体构成。

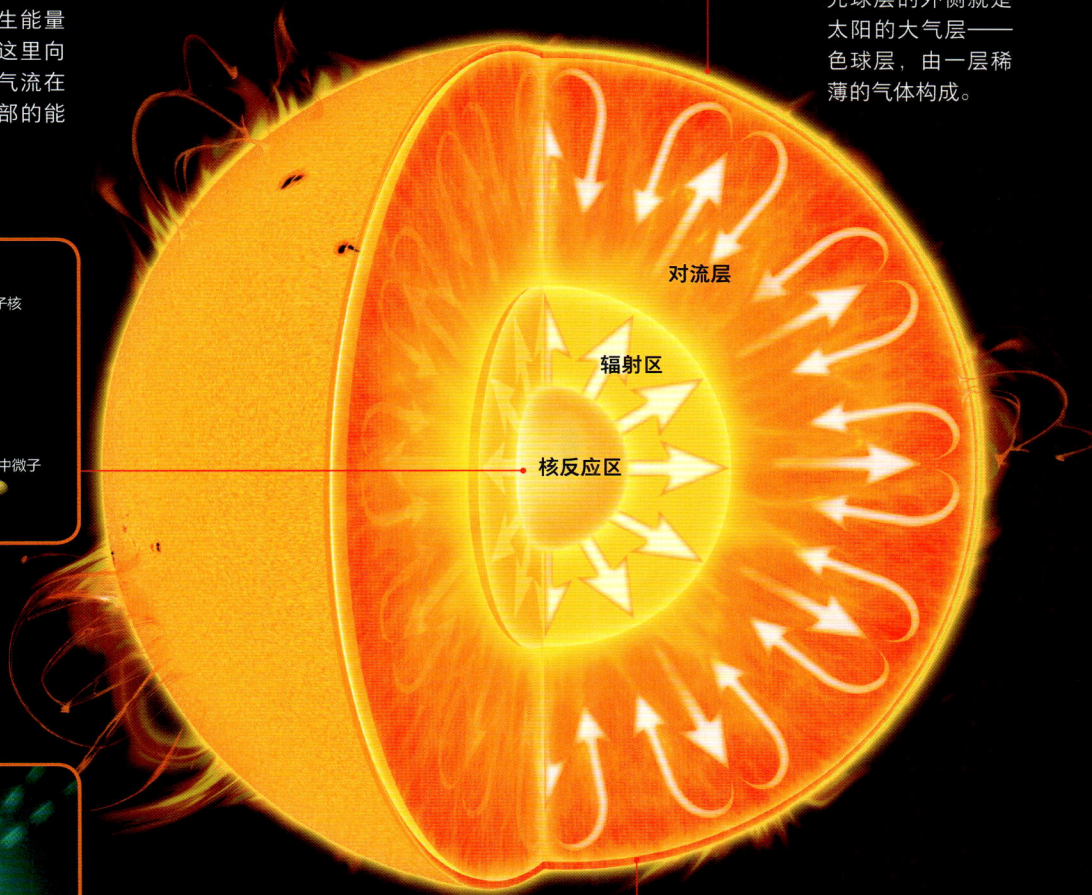

对流层

辐射区

核反应区

光球层

我们用肉眼看到的太阳表面就是光球层，其厚度达数百千米，表面温度约6000℃。

太阳的表面不时会发生激烈的爆炸，放出大量的能量，这种现象叫作太阳耀斑。耀斑的爆发短则几分钟，长则几小时。图为2011年超强太阳耀斑发生时，X射线*望远镜（第92页）拍到的景象。

基本数据

直径：139.2万千米（地球的109倍）
质量：地球的330,000倍
体积：1.41×10^{27}立方米（地球的130万倍）
自转周期：约25—35天

太阳是一个由高温气体构成的天体，主要成分是氢和氦。太阳的自转周期*会随纬度的不同而略有变化，赤道地区约为25天，纬度越高周期越长，南北极地区约为35天。

日冕

在色球层外侧，还弥漫着一层比色球层更稀薄、温度更高的大气，这就是日冕。虽说日冕的密度不到色球层的1/1000，它的温度却高达100万℃。右图为X射线望远镜拍摄到的太阳耀斑大爆发后的日冕的景象，太阳周围那些红色烟雾状物质就是日冕。

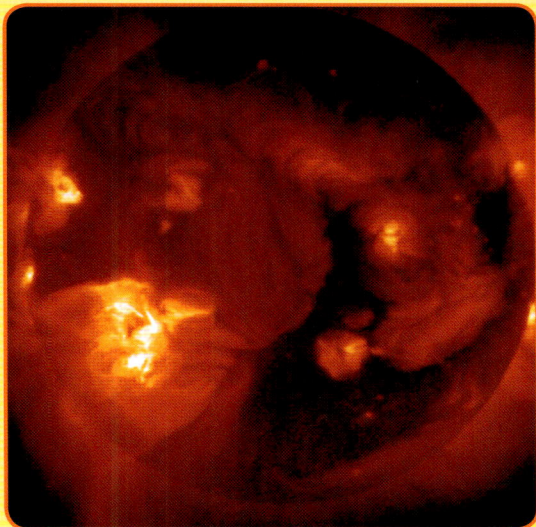

太阳磁场

太阳的活动和其磁场*有着十分密切的关系。比如说，太阳黑子其实就是太阳的磁场从太阳表面向外喷涌的起点，黑子的数量、出现的位置等与太阳活动的活跃程度都是息息相关的。而从太阳中喷出的火焰一般的日珥，其实就是色球层*（第17页）的气体正在沿着磁感线向外逸散。除此之外，太阳耀斑的爆发也和太阳磁场有关。

日珥

日珥就像一道从太阳中喷射而出的火焰。这是色球层的高温气体被向外逸出的磁感线托起而形成的。

太阳黑子

在自转的作用下，太阳磁场的磁感线发生扭曲，它们从太阳内部向外飞出，又落回太阳内部。这些磁感线飞入飞出的区域就是太阳黑子。因为磁感线的进出会影响到太阳能量的流动，所以黑子的温度会比周围低一些，看上去也更暗。

磁感线

和磁铁一样，太阳也有自己的磁场。磁场中磁力的方向可以用磁感线来表示。太阳的活动与磁感线（磁力的方向）有着十分密切的关系。

术语集 ◇磁场：磁力作用的空间。◇色球层：覆盖于太阳表面的一层稀薄的大气。

被抛射的耀斑

太阳耀斑从日冕中不断上升，最终发生日冕物质抛射（第20页）。

太阳耀斑

太阳耀斑是太阳表面发生的爆炸现象。从太阳表面飞出的磁感线，有时会在中途发生断裂和重联。这一过程中，有些磁感线会发生碰撞，互相弹开，并释放出大量的能量。科学家认为正是这一过程中产生的能量引发了耀斑。

回落的日珥

太阳耀斑发生之后，日珥就向太阳表面回落下去。

追踪磁场之谜

自转的太阳

与地球以及其他行星一样，太阳也会自转*。不过，太阳自转一周所需的时间，在南北极地区和赤道地区是不一样的，这就是由气体构成的天体的有趣之处。由于赤道地区总是比高纬度地区转得快，所以太阳表面的磁感线也就跟着发生了扭曲。

太阳磁场每11年发生一次磁极翻转？

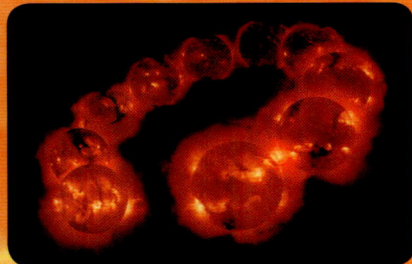

上图是将每年观测到的太阳合成在同一张图中制成的。

我们不妨想象太阳的内部有一根条形磁铁，当太阳的北极为磁铁的S极时，南极就是N极。我们知道地球的磁场并不会随时间剧烈变化，然而太阳的磁场大约每11年就会发生一次磁极翻转。这个周期和太阳的活动周期是一致的。在太阳活动剧烈的时候，也能观测到许多黑子。

磁场变成了四极？

有时，太阳的北极已经开始从S极向N极发生转换，而南极却仍旧保持着N极的状态。当发生这样的现象时，从这两个N极出发的磁感线就会与在赤道附近形成的S极贯连起来。

太阳风

太阳会"吹"出一种叫作太阳风的高温气体,速度可超400千米每秒,在宇宙空间中以螺旋状扩散开来。它的本质是一种带电的粒子——等离子体。一旦太阳的表面产生剧烈的耀斑,宇宙线*、日冕物质抛射就会接踵而至,那时,为我们撑起保护伞的就是地球的磁场了。

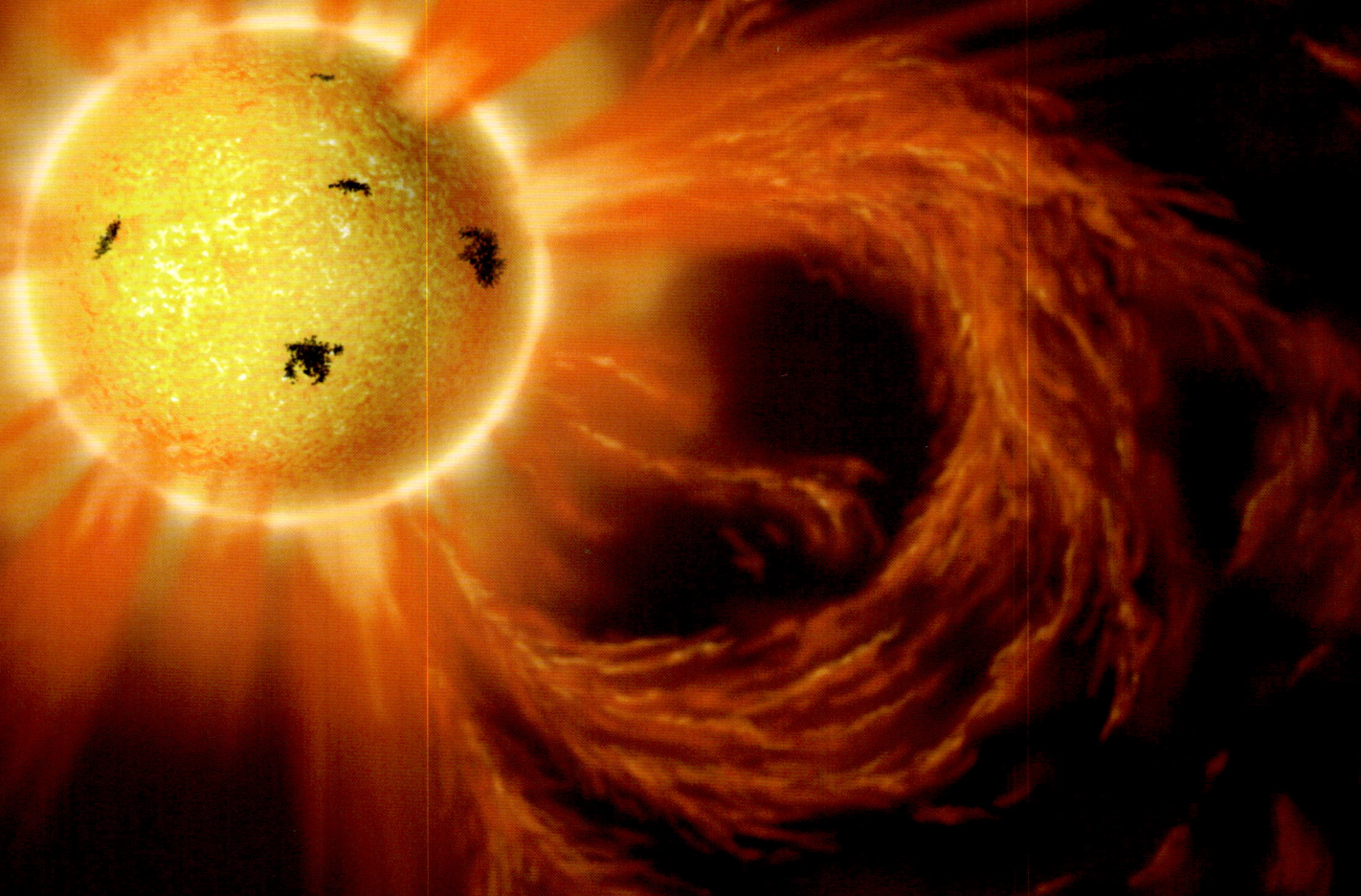

一说5000年一遇,一说800年一遇的超级耀斑

据科学家预测,太阳活动异常活跃的时候,会爆发出比普通耀斑还要大100—1000倍的超级耀斑。对于超级耀斑的爆发间隔,科学家们意见不一,有的说800年一遇,有的说5000年一遇。但可以确定的是,超级耀斑的爆发会使太阳风急剧增强,成为太阳风暴。届时,大量对人体有害的紫外线*、宇宙线都会向地球倾注而来。虽说凭借大气层的保护,射线对地表产生的影响有限,但太空中的宇航员就必须采取防护措施,否则将遭受危险的辐射。同时,日冕物质抛射也会向地球袭来。

日冕物质抛射

有时,太阳耀斑将带电的等离子体云团向太阳外部抛射出去,这就是日冕物质抛射(CME)。当日冕物质抛射发生后,这些带电粒子就会以700千米每秒以上的速度向地球涌去,扰动地球的磁场,引发磁暴现象。届时,在南北极以外的地区也将出现极光。除此之外,磁暴还会影响地球上的无线通信,甚至引发停电。

术语集
◇宇宙线:来自太阳或宇宙空间中的射线,约90%为质子,其余大部分为氦原子核。
◇紫外线:包含在太阳光中的一种光线,人眼不可见。

太阳风挥写的艺术——极光

构成太阳风的带电粒子流在经过有磁场的地球时，会脱离原来的流向，沿着地球的磁场向南极和北极高速移动。它们在两极的上空进入大气层，与大气中的分子相撞，迸发出绚丽的光芒，这就是极光。

木星的极光

木星也具有磁场和大气，因此和地球、土星一样，也能产生极光。除了太阳风，木卫一（第56页）的火山喷发出的含有带电粒子的气体也能够对木星的极光产生影响。

土星的极光

在土星两极的上空也可以观测到极光，因为土星也有磁场和大气。带电粒子流沿着土星的磁场移动，在两极的上空发出光芒。

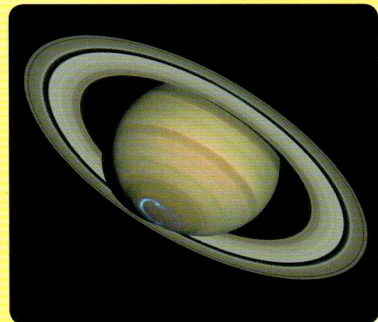

太阳风的成分

中微子
质子
电子
氦4的原子核

太阳风本质上是一种叫作等离子体的带电粒子流，主要成分是质子和电子，这两种粒子就是构成氢原子的粒子，其中质子带正电，电子带负电。此外，太阳风中也含有少量的氦原子核（由2个质子和2个中子组成，带正电）等其他粒子。

地球的守护者——磁层

即使没有大规模的日冕物质抛射发生，太阳风倘若毫无阻碍地直接吹向地球，必定会扰乱地球上的无线通信，导致大规模的通信瘫痪。不过，好在地球有磁层的保护，可免受太阳风的影响。

水星

水星这名字听起来倒是很宜人……

根本没法住！

渡部博士小讲堂！

水星不仅是距离太阳最近的行星，也是太阳系中质量和体积最小的行星。尽管水星的名字给人一种很凉爽的感觉，然而实际上根本不是这么回事！在太阳光直射的白昼，水星上的温度能攀升至430℃，宛如烈火地狱一般，而到了晚上，气温会骤降至–160℃。约600℃的昼夜温差使水星成为太阳系中温差最大的行星。

公转与自转

水星围绕太阳公转*一周需88天，自转一周需59天。也就是说，水星每绕太阳公转两周，就自转三周。

水星上漫长的一天

如果我们把一次日出到下一次日出的时间算作水星上的一天，那么水星上的白昼长达88个地球日，接着夜晚也是88个地球日，水星上的一天相当于地球上的176天！

远日点

自转两周

自转一周

太阳

近日点

水星

公转一周

公转两周，自转三周

椭圆轨道之谜

水星绕太阳公转的轨道*并不是圆形，而是椭圆形的。近日点（离太阳最近的点）距离太阳4600万千米，远日点（离太阳最远的点）为6980万千米。在太阳系的八颗行星中，水星的轨道是最扁的。

术语集 ◇公转：天体以一定的周期环绕其他天体旋转。 ◇轨道：物体运动的轨迹。

水星探测器

水手10号

由 NASA 于 1973 年发射升空的水星探测器。1974—1975 年间，"水手10号"曾三次飞掠水星，进行了探测。它也是人类历史上第一艘同时探测了两颗行星（水星和金星）的飞行器。

卡路里盆地

这张图中的黄色部分就是水星上最大的撞击坑*——卡路里盆地。它的直径有1300千米，比水星直径的1/4还长，据推测是在38亿年前由于巨型陨石的撞击而形成的。"信使号"水星探测器发现该盆地内部的铁含量比盆地周围要少，并且还在其边缘发现了曾经可能是火山口的地形。

基本数据

直径：4880千米（地球的0.4倍）
质量：地球的1/18
自转周期：59天
公转周期：88天
到太阳的距离：平均5791万千米（地球的0.4倍）

水星的核占据了整个水星直径的3/4，主要成分为铁和镍等金属元素。核的外面是一层岩质的幔*，幔的表面覆盖着一层壳*。以前人们认为体积较小的水星不像地球一样具有磁场，而"水手10号"探测器在水星周围发现了微弱的磁场，但其成因目前未被完全探明。

壳
幔
核（主要是铁）

信使号

NASA 向水星发送的第二台探测器。"信使号"于 2004 年升空，2011 年进入环绕水星的轨道，开始执行水星观测任务。

水星上有冰？
南极的永久阴影区

在水星的撞击坑中，有的地方始终无法被太阳照到。地球上的雷达和"信使号"探测器都在水星南极的撞击坑（右图）附近找到了疑似有冰的地带。

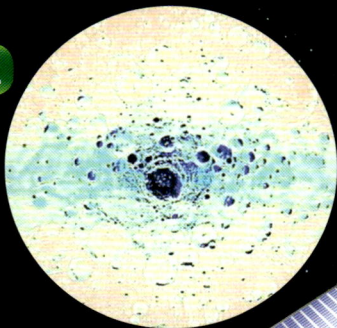

贝比科隆博号

"贝比科隆博"是由日本航天局（JAXA）和ESA合作推进的水星探测计划，在2018年发射了水星探测器"贝比科隆博号"，预计将在2025年进入水星轨道。届时，它有望帮助我们进一步了解水星磁场的形成机制，探索水星内部构造之谜。

术语集　◇撞击坑：天体表面像火山口一样的圆形凹陷。　◇幔：行星、卫星等天体的一层结构，位于核的外层。　◇壳：天体最外层的固体外壳。

23

金星

渡部博士小讲堂！

金星是太阳系中色彩最明亮的一颗行星。它位于地球和水星之间，被厚厚的大气层覆盖着，这些云层可以反射78%的太阳光，所以金星看起来才如此耀眼。在地球上能看到金星的时刻是日落或日出前后，黄昏看到的金星叫长庚星，清晨看到的金星叫启明星。金星的大小、质量*和内部结构都和地球非常相似，但环境却有天壤之别！

自转的方向反了？

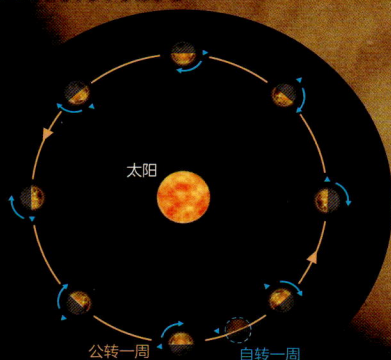

太阳

公转一周　　自转一周

金星的自转非常缓慢，周期为243天。金星是太阳系内唯一一个逆向自转的行星，也就是说，在金星上，太阳是从西边升起，东边落下。金星围绕太阳公转的周期*是225天，比自转周期还短。

浓云蔽日，狂风大作

金星上空覆盖着十分浓密的大气层，所以从地球上无法直接观测到金星表面的状况。而且，金星上空还刮着速度达100米每秒的超高速大风，被科学家称为特快自转，这种大风竟然只要4天时间就能绕金星一周。究竟为何会产生如此强劲的大风，目前还是未解之谜。

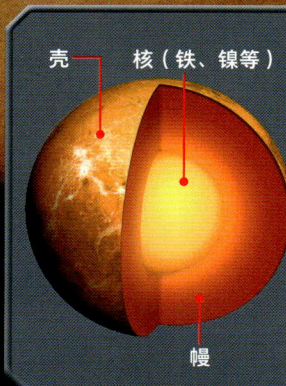

壳　　核（铁、镍等）

幔

基本数据

直径：12,104千米（地球的0.95倍）
质量：地球的0.8倍
自转周期：243天
公转周期：225天
到太阳的距离：平均1.082亿千米（地球的0.7倍）

金星的结构由内到外分别是由铁和镍等金属元素构成的核、岩质的幔以及外壳。金星的大小、质量、构造都和地球十分相似，是一颗类地行星。不过和地球不同的是，金星上没有磁场，并且它的公转轨道非常圆。

金星探测器

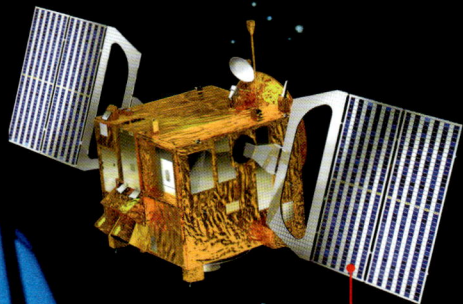

麦哲伦号
由NASA研制，1989年搭乘航天飞机升空，飞往金星。"麦哲伦号"利用雷达探测技术为我们揭开了金星地表的神秘面纱。

金星快车号
由ESA在2005年发射升空。"金星快车号"探测器在围绕金星运行的过程中，考察了金星大气的活动及形成机制、云层的状态及详细性质等课题。

拂晓号
2010年5月从日本发射的"拂晓号"金星探测器由于发动机故障，未能进入预定的金星轨道，误入了环绕太阳的轨道。2015年12月，"拂晓号"获得了再次接近金星的机会，并成功进入金星轨道。

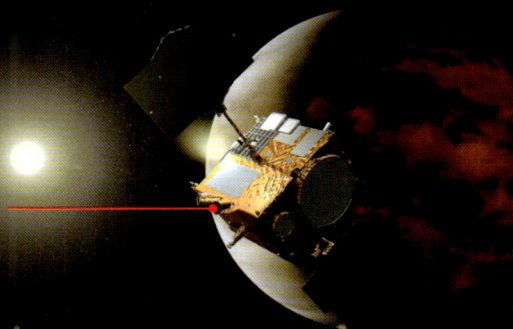

发光的金星

右图为"金星快车号"探测器拍摄的照片。蓝色部分是金星的大气发出的光芒。金星大气中含有的氧分子经过太阳紫外线的照射后，会分解成氧原子。这些氧原子在太阳光无法照射到的夜半球又会再次结合，形成一个个氧分子。此时就会发出和图中一样的光芒。

金星与地球的异同

金星和地球在大小、质量和内部构造等方面十分相似，所以被人称为双胞胎行星。但是，这对双胞胎的自转方向和速度却完全不同，而且大气的成分也极为不同：地球的大气主要由78%的氮气和21%的氧气组成，二氧化碳只占0.04%；而金星的大气中，96%都是能导致气温升高的二氧化碳，因此金星上的气压和温度也与地球大不相同。

100km

金星的大气

金星的大气中96%都是二氧化碳。在距离金星地表45—70千米的高空，有一层浓硫酸*的云层将整个金星包裹起来。来自太阳的绝大部分能量都会被这层浓密的云层遮挡，最后能到达金星地表的能量只有2%。尽管如此，金星地表的温度还是高达460℃。科学家认为，这是由于金星浓厚的大气中富含的二氧化碳能够阻止热量散失所致。

硫酸雾

浓硫酸云

50km

硫酸雾

术语集　◇浓硫酸：一种酸性非常强的物质，人体接触后会严重受伤。

0km

金星的地貌

玛亚特山

玛亚特山在阿佛洛狄忒台地东端，高8000米，是一座火山。熔岩从山顶的火山口喷出，一路流淌至山脚下，绵延数百千米。科学家认为现在的金星上应该还是存在火山活动的，不过目前还未发现。这张图是科学家根据"麦哲伦号"金星探测器发回的数据制作出来的，与实际地形相比，此图强调了高低差。

渡部博士小讲堂！

金星的地表形成于3亿—5亿年前，尽管听起来相当久远，但是和水星或地球相比，这已经算是极年轻的了。金星的表面被熔岩覆盖，这意味着直到3亿—5亿年前，金星的表面被火山活动彻底改造过。目前在太阳系中，科学家仅观测到地球和木星的卫星木卫一（第56页）存在火山活动。金星上的火山活动已经停止了吗？是否还存在着尚未被我们发现的活火山呢？这些问题还需要我们进一步去探索。

向着陆发起挑战！

1961年，苏联发射了"金星1号"探测器，开始了对金星的探索，到1983年为止，共向金星派遣了16台探测器。然而，金星上高温（地表温度460℃）、高压的大气使得着陆困难重重，好几台探测器都在着陆过程中损毁了。最终，"金星7号"首次在金星表面成功着陆。此后，"金星13号"和"金星14号"首次拍摄到了金星地表的彩色照片。

金星13号拍摄的金星地表

金星7号

金星的地形

东经180°

右图为"麦哲伦号"探测器运用雷达技术生成的金星地形图。蓝色的部分地势较低，褐色的部分地势较高，被称为台地。位于赤道附近，向东西方向延伸开的台地叫作阿佛洛狄忒台地，是金星最大的台地，其东端是玛亚特山。

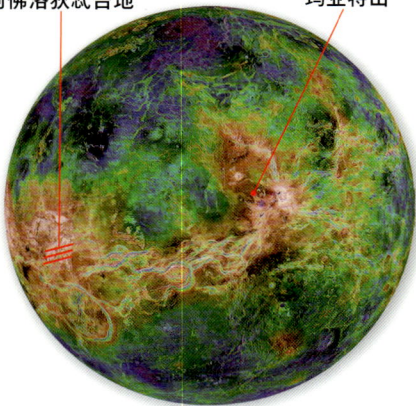

阿佛洛狄忒台地　玛亚特山

吉祥天女高原　麦克斯韦山脉　伊师塔台地

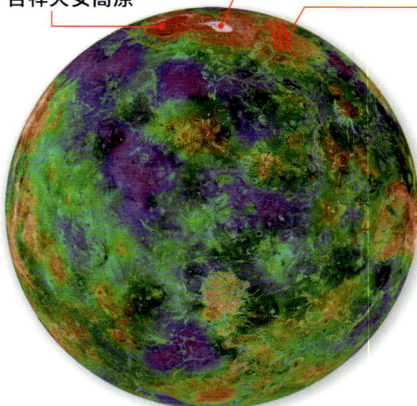

东经0°

在金星的北极附近，有一块名为伊师塔的台地，面积和地球上的澳大利亚相当。伊师塔台地的西部是高达3000—5000米的吉祥天女高原。图中红色的部分是金星上最高的区域——麦克斯韦山脉，有11,000米高。

水星与金星的观测

水星和金星都是在地球内侧公转的行星，所以只能在有限的时间段观测到它们。它们要么在黄昏时刻出现在西方的天空（比太阳更晚落下时），要么在黎明时刻出现在东方的天空（比太阳更早升起时）。水星距离太阳最近，观测起来难度较大。而金星在太阳系中最为明亮，常常是闪耀在傍晚天空中最亮的星星，很容易就能观测到。通过望远镜，我们可以观察到它们像月亮一样时圆时缺。

金星凌日

这张照片上，金星像一个小黑点在太阳表面缓慢掠过，这种现象在天文学上称为金星凌日。一般情况下，在地球上看到的金星都是从太阳的北侧或南侧绕过太阳的，但遇到三者的位置处于同一条直线时，就能从地球上看见金星从太阳表面掠过的奇景。金星凌日的出现以两次为一组，间隔8年，但是两组之间的间隔却有100多年。

水星凌日

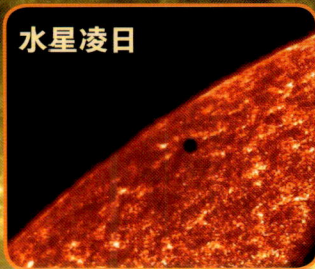

和金星一样，水星也会发生凌日现象，从太阳表面缓慢通过。由于水星的公转周期较短，100年里会发生十几次水星凌日现象。

水星和金星的盈亏

从地球上看，当水星和金星运行至大距（与太阳的最大夹角）位置时，它们只显露半个身影；当它们运行至距地球最近的下合位置时，我们根本看不到它们。通过望远镜可观察到它们的亮度和可见大小随位置变化而改变。

在地球内侧公转的水星和金星只能在傍晚或黎明时被观测到。傍晚时分的水星或金星在太阳西沉之后西沉，黎明时分的水星或金星在太阳升起之前升起。当它们处于太阳的另一侧，或者过于靠近太阳时，都无法被观测到。

煌煌闪耀的金星

这张图上的白点是金星的移动轨迹。金星大约在9个月的时间里出现在傍晚西方的天空，然后又有约9个月的时间出现在黎明东方的天空。在观测条件最好的时候，可以在日落之后的2小时内或日出之前的2小时内观测到金星。如果太阳西沉之后，你在西边的天空看到一颗非常明亮的星星，那很可能就是金星。

难以发现的水星

水星离太阳很近，水星和地球的连线与太阳和地球的连线的最大夹角只有28°，因此能观测到水星的时间很短。和金星一样，水星也只能在日落之后的西边低空或日出之前的东边低空被观测到。

神奇的星球

地球①

这是一张从ISS上拍摄的地球照片。城市灯光、气辉和极光闪烁着绚丽的光芒，各种各样的生物在这里过着多彩的生活，这就是太阳系中唯一孕育着生命的星球——地球。地球是距离太阳第三近的行星，拥有丰富的液态水。在地球的磁场以及厚达数百千米的稀薄大气的保护下，无数动植物在这颗蔚蓝的星球上繁衍生息。

极光

极光是太阳风（第20页）中的等离子粒子在地球磁场的激发下，在南北极的上空发光的现象。较低的极光出现在地球上空的80—100千米处，较高时能达220—250千米。

气辉

大约在90千米以上的高空，大气发出淡淡的荧光，这就是气辉。白天，大气吸收了太阳光中的紫外线，积蓄了能量，这些能量在夜间释放出来，就产生了发光现象。

城市灯光

从ISS眺望夜晚的地球，可以看到从人类聚居的大城市发出的明亮的灯光。

蔚蓝的海洋

海洋覆盖了地球表面的约70%，这使地球成为太阳系中唯一被如此大量液态水所覆盖的行星。海洋对于孕育着各种各样生物的地球来说十分重要。

各种各样的生物

地球上生存着各种各样的生物。如果算上尚未发现的物种，地球上的总物种数或许能达到数百万，甚至数千万种。

基本数据

直径：12,756千米
自转周期：23小时56分
公转周期：365.26天

地球是太阳系中最大的类地行星，类地行星就是指由金属核与岩石组成的行星。
（注：由于地球的公转会导致地球和太阳的角度发生变化，所以一个昼夜的时间要比自转周期长4分钟。）

国际空间站

ISS是建在400千米高的宇宙空间中的载人实验设施，每90分钟绕地球一圈。日本在ISS上有一个"希望号"实验舱，用来进行各种实验。

雷电

雷电一般发生在5—10千米的空中，在ISS上看到的雷电就像白色的光团。

红色精灵

发生在50—90千米高空的一种红色的雷电，其迷幻的颜色或许与氮元素有关。红色精灵的形状据说会随着位置的变化而改变，非常不可思议。

茂盛的森林

植物可以通过光合作用*吸收二氧化碳，释放氧气，这对地球环境十分重要。地球上的多数动物，包括人类在内，都离不开植物产生的氧气。

城市的灯光真美啊！

不过也别忘了随手关灯哦。

地球的大气

热层
ISS

距地面80千米以上的大气就是热层，可一直延伸到500千米的高度。受太阳风的影响，热层的温度最高可达1000℃。

极光

★ 激光导星

中间层

二氧化碳会将热量向宇宙中散发出去，因此在中间层，高度越高，温度越低。

红色精灵

探空气球

平流层

这里有一层可以吸收太阳紫外线的臭氧层，因此，在对流层中降低的气温又会在这里重新上升。距地表50千米处的气温约为0℃。

对流层

空气运动非常活跃，会发生雨、云等各种气象现象。如果把地球看成一个直径为1米的球体，对流层的厚度仅为1毫米。在对流层，气温随着高度的上升而下降。

望远镜

高度（km）

500
400
300
200
100
50
10
0

术语集 ◇光合作用：植物吸收太阳光，将二氧化碳和水转化为有机物，并释放出氧气的过程。

地球②

渡部博士小讲堂!

地球的内部是一个金属质的核,从地表以下2900千米的深处至地球的中心就是这个地核的半径。在这里,被4000℃以上的高温熔化的金属不断地发生对流,从而形成了地球的磁场。地核周围是岩质地幔,地幔的运动不仅是火山喷发和地震的原因,而且还能使大陆发生缓慢的漂移。此外,地球的大气吸收了太阳的能量之后,就产生了风、云和雨。地球的大气和大地都处在不断的运动之中,这就是我们地球的独特之处。

大气的运动

空气遇热上升,遇冷下沉,这样就形成了大气环流。由于在赤道附近,太阳光几乎是垂直射向地面的,所以加热大气的效率也最高。正是赤道附近和两极地区的温差导致了大气的环流。

地球内部的运动

地幔位于地核和地壳之间,不仅能将热量从地核向地壳传输,也能推动地壳与上地幔的一部分——板块*的移动。被地幔推动的洋壳*俯冲至陆壳*下,继而熔融在地幔之中。

磁场

地球就像一个巨大的磁体,周围存在着庞大的磁场。地球的磁场在南北磁极处最强,南北磁极分别位于地理两极附近。右图中假想的磁感线描绘了地球磁场。

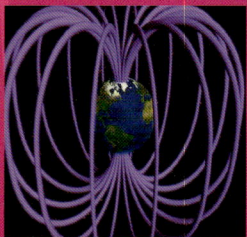

高空急流

中纬度地区的费雷尔环流与极地环流或哈得来环流的交界处,分别存在着向西吹的忽上忽下的强烈气流,这就是高空急流。

极地东风

信风

外核

由液态的铁和镍等金属组成。液态的金属不断从内侧流向外侧,释放热量,冷却后又向内侧流动,形成对流。地球的磁场就是在这样的对流中产生的。

地壳

从地表至30—70千米深处的岩石构成的层。

术语集 ◇板块:覆盖在天体表面的岩石。 ◇洋壳:即大洋型地壳,分布于大洋底部。 ◇陆壳:即大陆型地壳,分布于大陆及浅海大陆架区。

纬度90度

极地环流

发生在纬度60度到纬度90度之间的大气环流。纬度60度附近的大气受到太阳照射后变暖上升，流动到纬度90度附近之后又遇冷下沉，再次回到纬度60度附近，构成了环流。极地附近的风（极地东风）是往西吹的。

费雷尔环流

在纬度60度发生上升的气流，运动至纬度30度附近之后下沉，构成了费雷尔环流。这种环流是在哈得来环流和极地环流的影响下产生的。北半球这一区域的风（西风）是向着北极从西往东吹的，日本正好位于这一区域，所以天气也会由西向东发生改变。

纬度60度

西风

纬度30度

哈得来环流

赤道附近的暖空气上升，至纬度30度附近后返回赤道地区的大气环流就是哈得来环流。这片区域的风（信风）从东吹向西。

内核

地表以下2900千米至地球中心的部分都是地核，其中最中心的5%为内核。内核也由金属构成，不过在4000℃的高温下仍旧是固体，这是因为此处的压力极大，是地表压力的350万倍。

赤道

超冷地幔柱

超冷地幔柱引起地壳下沉到地幔中。

下地幔

深度670千米以下的地幔为下地幔，此处高压的环境使橄榄岩的结构发生改变。它们会在漫长的周期内发生非常缓慢的对流。

上地幔

在整个地幔层中，从地表至深度670千米的地幔为上地幔，主要由橄榄岩组成。上地幔的一部分和地壳构成了板块。

超热地幔柱

超热地幔柱使地幔物质上升至地壳附近。

自转与公转之谜

地球③

渡部博士小讲堂！

太阳每天从东方升起，在西方落下。到了晚上，天上的星星和月亮也会缓缓移动，仿佛绕着地球旋转似的一天转一圈。这些现象其实都是因为地球的自转而产生的。地球自转的速度不快也不慢，与其他因素一起，为地球上的生命创造了适宜的环境。此外，我们能在夜晚看到的繁星也会随着季节的变换而改变方位，这与地球围绕太阳的公转有关。由于地球的自转轴是微微倾斜的，所以才有了温度各异的四季。

地球的公转

地球绕太阳公转一周需要一年（约365天）。也就是说，地球绕太阳运行的速度竟然达到了100,000千米每小时，是新干线（约250千米每小时）的400倍。即使运行速度如此之快，宇宙中当然也没铺铁轨，地球仍然能够一丝不乱地沿着准确的轨道绕太阳旋转。

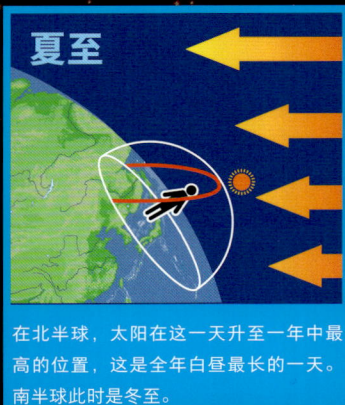

春分

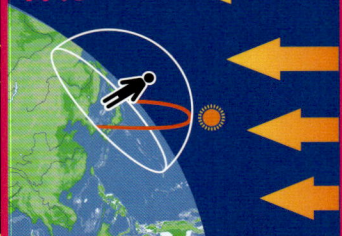

把太阳和地球用一条线连接起来，这条连线在春分时正好与地球的自转轴垂直，因此昼夜几乎等长。

夏至

在北半球，太阳在这一天升至一年中最高的位置，这是全年白昼最长的一天。南半球此时是冬至。

冬冷夏热的原因

由于地球的自转轴倾斜了23.4°，所以一年之中，照射到地球的太阳光会发生变化。夏至时，太阳能上升到天空中最高的位置，对地面的加热效果也最强；而在冬至，太阳的位置最低，对地面的加热效果最不显著。这就是冬冷夏热的原因。实际上，受到大气和海洋的影响，一年中最热和最冷的时节一般要晚一个多月才会到来。

夏　冬

太阳光

即使在地球上同一个地方，季节不同，受到太阳光照射的角度也不同。阳光在夏季比冬季更容易加热大地。

地球的自转

地球自转一周的时间为一天（约24小时）。转动时，面向太阳的一面为白天，背向太阳的一面为黑夜。地球自转的速度其实每年都在变慢。46亿年前，地球诞生之初，那时的自转周期只有4个小时，而距今10亿年后，地球自转一周估计需要31小时左右。

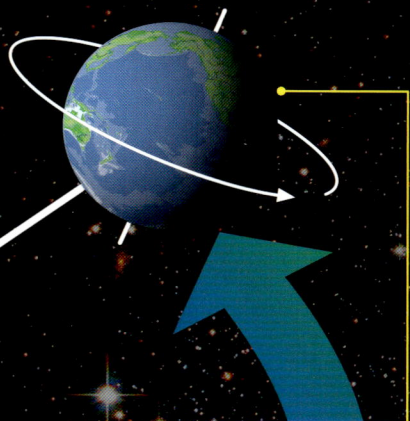

冬至

和夏至相反，冬至是北半球一年当中太阳最低、夜晚最长的时候。此时南半球为夏至。

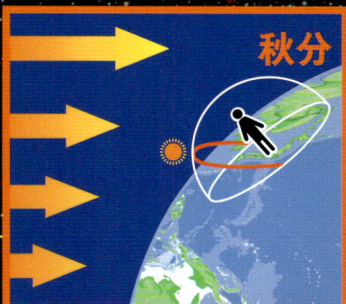

秋分

和春分一样，这一天地球上昼夜等长。太阳和地球的连线正好与自转轴垂直。

地心说和日心说

宇宙绕着地球转——地心说

克罗狄斯·托勒密
（约2世纪）

在古希腊，人们认为地球处于宇宙中心，太阳、月亮和行星在各自的正圆形轨道上绕地球运转，这就是地心说。但是，地心说无法解释行星复杂的运动过程。后来托勒密进一步完善了地心说，他认为行星运动的轨道并不是一个单纯的圆形，而是在这个大圆（均轮）上又有一个小圆（本轮），小圆的圆心就在大圆上。行星在本轮上一年旋转一周的同时，本轮也在均轮上旋转。如果观测结果与这一模型产生了差异，那就增加本轮的个数，以完善模型。托勒密的这一理论在1400多年的时间里都被认为是正确的。

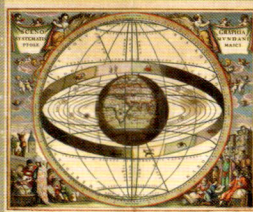

◀安德烈亚斯·塞拉里乌斯在1660年绘制的地心说示意图。

地球绕着太阳转——日心说

尽管托勒密的地心说可以解释行星的运动过程，但还是有一些现象无法解释，如水星和金星为什么总是在太阳周围的一定范围内运动，始终离不开太阳等。到了16世纪，哥白尼在重新研究了古代的学说之后提出了新的假说，即地球和其他行星都是以太阳为中心、围绕着太阳运动，这就是现在的日心说。然而当时统治着国家的基督教会根据圣经上的内容，始终支持地心说。后来，伽利略用自制的望远镜对行星进行了观测，确信了日心说的正确性，然而他却在17世纪被推上了宗教法庭，被判有罪。不过，随着时间的推移，世人也渐渐明白过来日心说才是正确的。

尼古拉·哥白尼
（1473—1543）

伽利略·伽利雷
（1564—1642）

▲绘于1731年的日心说示意图。

33

地球与月球的诞生

渡部博士小讲堂！

月球足足有地球的四分之一大，对于一颗卫星来说，这个体积的比例是相当大的。月球的成因目前尚无定论，我们就先介绍一下其中最著名的大碰撞假说吧。根据这个假说，原地球*曾与火星大小的原行星*发生碰撞，月球就在这一碰撞中诞生了。

A. Ikeshita

术语集 ◇原地球：46亿年前诞生之初的地球。 ◇原行星：行星的前身，由星子互相碰撞形成，大小与月球相似。

大碰撞假说

大约46亿年前，地球诞生于宇宙的尘埃中，由尘埃结合形成的许许多多直径数千米的星子*或原行星不断相互碰撞、融合，使地球的体积越来越大。然后，一颗和火星差不多大的原行星撞了过来，月球就在碰撞中形成了。这就是大碰撞假说的观点。

一个火星大小的天体撞上了原地球，天体碎片混杂着地幔向四方飞溅。

在撞击中四散飞溅的大量碎片开始绕着地球旋转，渐渐形成了一个圆盘。

这些圆盘中的物质在旋转的过程中逐渐冷却，成为岩石碎片，经过互相撞击、结合之后，体积迅速变大。

其中体积特别大的一块岩石不断吞并周围的碎石，最终只剩下一块大石，这就是月球。

一切都撞得粉碎了！

真是惊心动魄的撞击！

月球表面为何凹凸不平？

月球

渡部博士小讲堂！

你听说过月亮上住着兔子的传说吗？古人之所以会流传下这样的传说，恐怕是因为月球表面的图案的确很像一只兔子吧。这个像兔子一样的轮廓实际上是从月球地底喷射出的岩浆凝固而成的"海"。另外，月球还被很多陨石撞击过，形成了一个个撞击坑（又称环形山）。月球是距离地球最近的天体，人类对月球一直有着浓厚的兴趣。在本节，让我们来介绍一下月球的两张"面孔"，以及它的构造吧。

辉夜号

JAXA研发的探月卫星。它一边绕月飞行，一边测量月球的地形，分析月球上的元素[※]。利用它收集到的信息，研究者绘制出了准确的月球地形图。它的名字来源于日本民间流传的辉夜姬的故事。

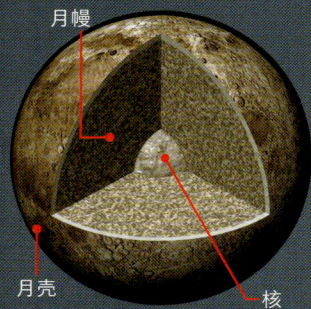

月幔

月壳

核

基本数据

直径：3475千米（地球的1/4）
质量：地球的1/81
自转周期：27.3天
公转周期：27.3天
到地球的距离：平均384,400千米

目前我们发现，月球表面存在铁和钍等元素，不同地方所含的元素也不同。至于月球内部，我们知道的就很少了。

远古月球

大碰撞假说认为，地球被火星大小的天体撞击后，飞散的碎片最终聚合，形成了月球。那时的月球尚未冷却，岩浆之海在月球表面炽热地涌动着。这幅插画表现了大小陨石不断坠入岩浆之海的情景。

月球上曾经有冰？

沙克尔顿环形山

在月球南极附近的沙克尔顿环形山，有一片始终无法被太阳照射到的永久阴影区。NASA的探测卫星"月球勘测轨道飞行器"用激光调查后发现，这里有些地方覆盖着冰。

月海里面有水吗？

真是不一样啊！

和地球上看到的月亮！

月球勘测轨道飞行器

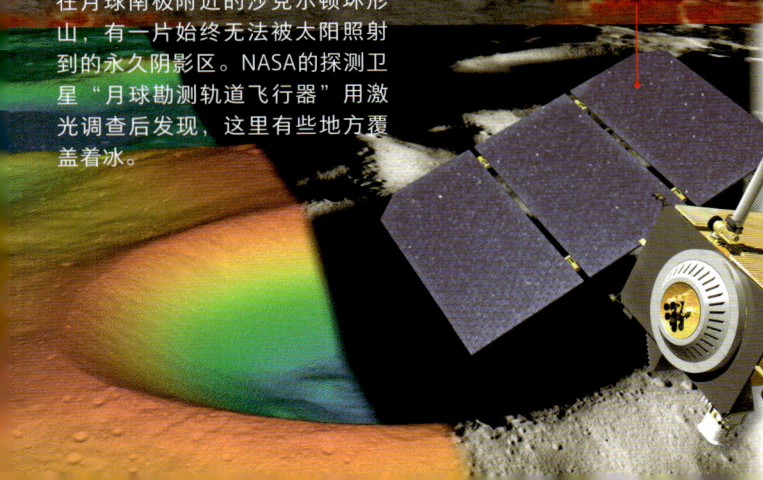

月球的两副"面孔"

月球总是以固定的一面朝向地球，绕着地球公转，这是因为月球自转和公转的周期是相同的。正对着我们的这一面是月球的正面，背对着我们的另一面是它的背面。

正面　月球正面的特点是没有很多凹凸，地形较为平坦。这些平坦的地方叫月海，是由地底喷射而出的岩浆流淌形成的。日本人觉得月海形成的形状就像是玉兔在捣年糕。

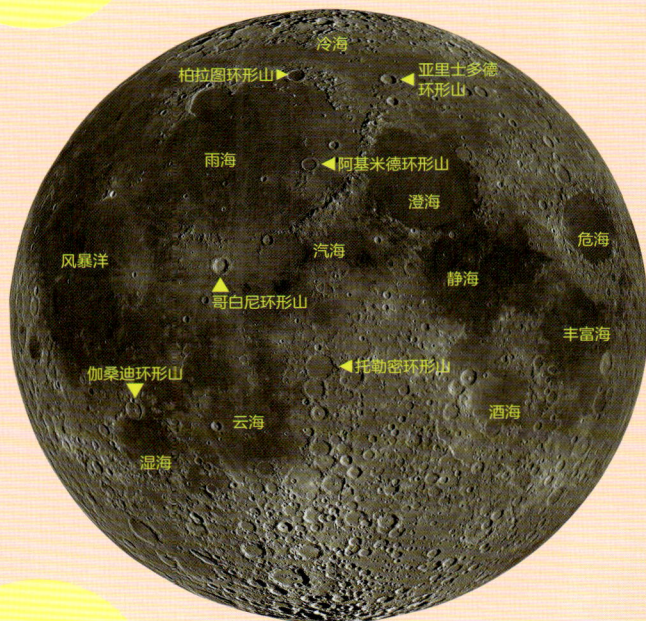

冷海
柏拉图环形山
亚里士多德环形山
雨海
阿基米德环形山
澄海
危海
风暴洋
汽海
静海
哥白尼环形山
丰富海
伽桑迪环形山
托勒密环形山
酒海
云海
湿海

背面　月球的背面布满了环形山，到处坑坑洼洼。背面的月海之所以这么少，据说是因为这一面的月壳比正面厚，熔岩不容易流出来的缘故。不过，"辉夜号"发现，月背的莫斯科海形成于25亿年前，而月球诞生于46亿年前，也就是说月球大概有20亿年的时间都在发生地质运动。

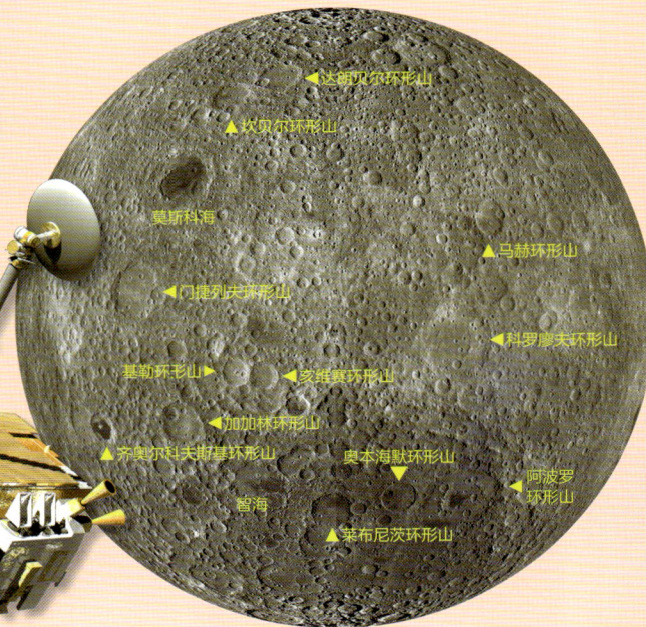

达朗贝尔环形山
坎贝尔环形山
莫斯科海
马赫环形山
门捷列夫环形山
科罗廖夫环形山
基勒环形山
亥维赛环形山
加加林环形山
奥本海默环形山
齐奥尔科夫斯基环形山
阿波罗环形山
智海
莱布尼茨环形山

挑战登月

渡部博士小讲堂！

自古以来，月亮激发了人们无穷的想象力，比如日本的辉夜姬、西方的狼人等民间传说都和月亮有关，诸如此类的故事数不胜数。1969 年 7 月 20 日，人类终于实现了登月的梦想。宇航员乘坐"阿波罗 11 号"宇宙飞船，在月球登陆。此时距离人类首次飞向太空仅过了 8 年。

地出

这是一张在月球轨道上拍摄的地球照片。在这张照片上，地球仿佛正从月球的地平线上缓缓上升，所以这张照片被命名为地出。实际上，如果真的从月球上观察的话，地球几乎是停留在同一个地方静止不动的，并没有"地升地落"的现象。

向月球进发！

阿波罗计划

阿波罗计划是 NASA 从 1961 年到 1972 年开展的以载人登月为目标的航天计划。"阿波罗"系列宇宙飞船有 1 号到 17 号，其中首次登上月球的是"阿波罗 11 号"。

正在工作的宇航员

图中是"阿波罗 11 号"的乘员之一巴兹·奥尔德林，他是在尼尔·阿姆斯特朗之后，第二个踏上月球的人类。月球的重力只有地球的 1/6，因此即使穿着厚重的宇航服，宇航员依旧能跳得很高。

阿波罗11号飞船

"阿波罗11号"是一艘为登月计划建造的宇宙飞船。"阿波罗11号"在月球上空将③和④分离，然后在原处待命。回程时，先回收从月面回来的③，然后飞往地球，在返回大气层之前分离②。

1 指令舱　　**2 服务舱**

右端圆锥形的部分为指令舱，里面存放着宇航员返回地球时所需的降落伞等设备。中间圆筒状的部分为服务舱，其中存有飞船燃料。

3 登月舱

宇航员乘坐登月舱往返于飞船和月面。登月舱搭载了登月用的装备、雷达天线、发动机等各种设备，可以满足2名宇航员在月面停留4到5天。

4 月球车

某些登月舱上还搭载着月球车，以供人类在月面移动时乘用。月球车全长3米，可搭载2名宇航员和实验装备，最大载重517kg，最高时速为16km/h。

宇宙与人

· 人类第一次月球漫步 ·

尼尔·阿姆斯特朗是"阿波罗11号"的指令长，也是3名乘员中第一个踏上月球表面的宇航员。在人类首次踏上地球以外的天体的历史性瞬间，他说："这是一个人的一小步，却是全人类的一大步。"

尼尔·阿姆斯特朗
（1930—2012）

伟大的脚印

月球的公转与自转

渡部博士小讲堂！

你是否觉得奇怪，月球的形状为什么每天都会变呢？实际上，月球的真正形状并没有发生改变，发生改变的是月球被太阳光照亮的部位。而且由于月球相对于地球的位置是在不断变化的，所以从地球的角度看去，这个亮面的形状也会发生盈亏变化。在古代，不少地区的历法都是根据月亮的盈亏制定的。月亮的周期性运动还引发了地球上许多神秘的现象，比如由潮汐力引起的潮水涨落就是其中之一。

③ 上弦

④

⑤ 满月

⑥

⑦ 下弦

月相

和地球一样，月球也只有一半能被太阳光照到。但由于月球围绕地球公转，所以从地球上观察月球，就会发现月球被照亮的部分的形状每天都在发生变化。这就是月的盈亏，即月相。如①所示，当月球处于地球和太阳的中间时，月球被太阳照亮的一面正好背对着地球，所以在地球上完全看不到月球，这时为新月，也称朔；如⑤所示，当月球运动至地球的另一边，把地球夹在太阳和月球中间时，被太阳照到的那一面将完全面向地球，这时为满月，也称望。如右图所示，月球相对于太阳和地球的位置，决定了从地球上看到的月亮的形状。

海水增加　　**低潮**　　海水减少

高潮

月球引力

高潮

海水减少　　**低潮**　　海水增加

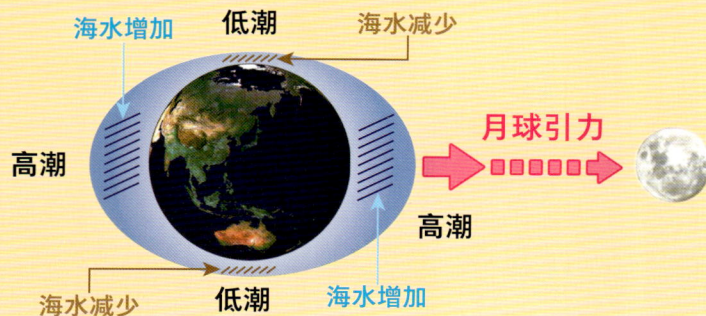

潮水涨落的原因

地球上的大海有潮涨潮落，这是潮汐力在起作用。潮汐力是一种由各种各样的力复合而成的力，包括太阳的引力、地球自转产生的离心力等，而其中最大的一股力量就是月球的引力。在月球引力的作用下，面对着月球的那部分海水发生上涨，形成高潮。此时，在地球另一头的海水也会形成高潮，这是因为地球本身也在被月球拉扯，所以海水会在离心力的作用下向最外端聚集。同时，海水在某些部分的增加势必会引起其他部分的海水的减少，这就形成了低潮。高潮（及低潮）时潮水的高低与太阳和月亮的相对位置有关。

实际可见的范围

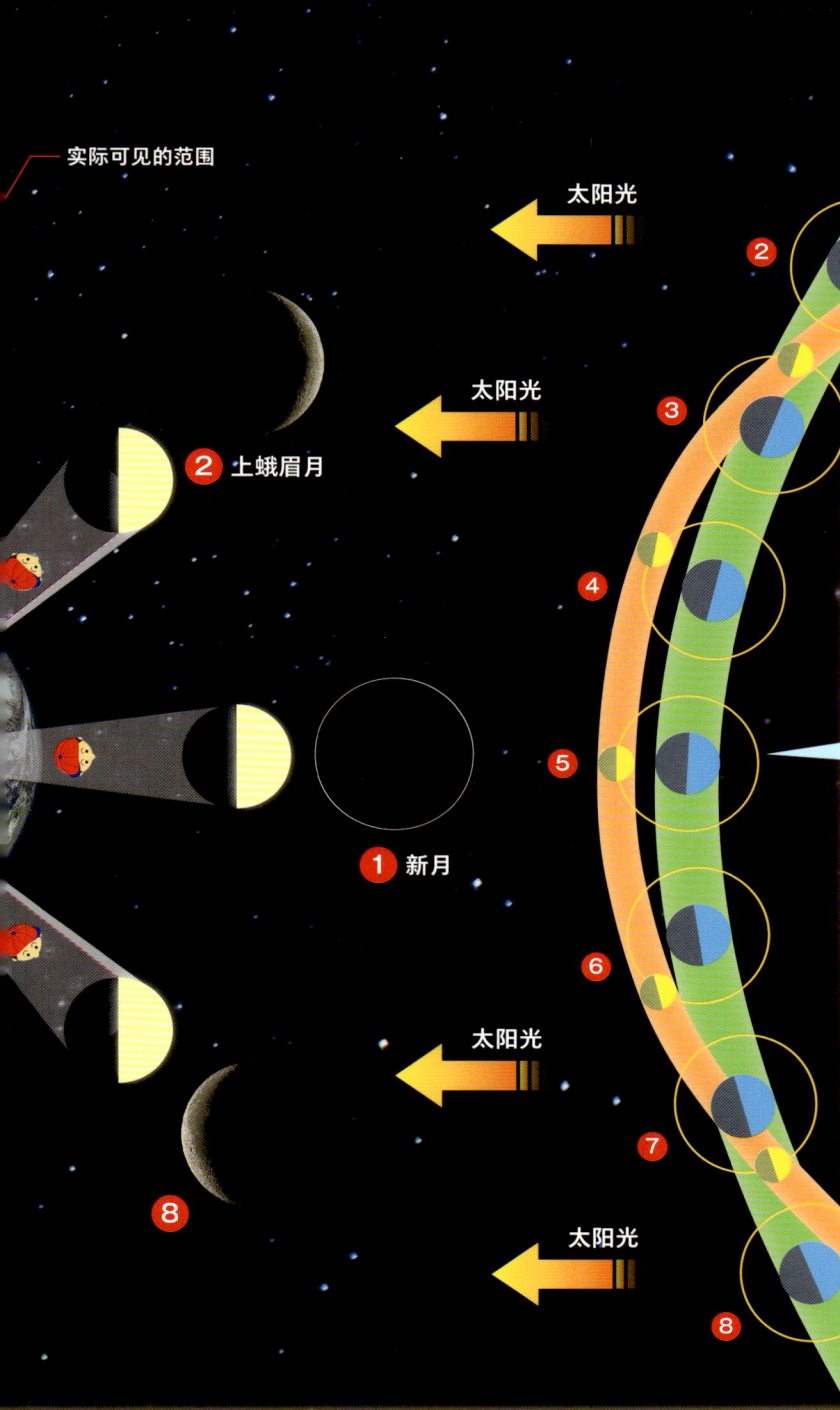

太阳光

太阳光

2 上蛾眉月

1 新月

太阳光

太阳光

月球的轨道

左图是月球与地球的公转轨道的示意图。月球既绕着地球公转，又和地球一起围绕太阳公转。因此，月球实际的运行轨道，其实是像图中的橙色线条那样，如同衣服的缝线一样在地球的公转轨道上穿梭。图中位于月球左边的编号表示该位置对应的月相。

■ 地球的轨道　　■ 月球实际的轨道
■ 表示月相变化的假想轨道

宇宙与人

● 为什么月球不会落到地上？ ●

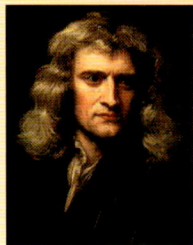

为什么苹果会从树上掉下来，而月球却不会从天上掉下来呢？牛顿发现，任意两个物体之间都有相互吸引的力，这就是万有引力定律。根据该定律，苹果与地球之间有着相同的引力，但由于苹果很轻，所以苹果会笔直地掉到地上。而月球距离地球则很远，又在不停地运动之中，所以地球的引力只会改变月球运动的方向，使它绕着地球旋转，而不是直接把它拉扯过来。

艾萨克·牛顿
（1643—1727）

高潮和低潮

日本广岛县的严岛神社因修建在海上而闻名。高潮与低潮时海平面的高度差最大能达4米。如最右面的图片所示，地面有时会在低潮时露出。

天文现象之最

日食与月食

日全食

周围散发的那些白光是日冕。全世界范围内，每一两年可以观测到一次日全食，不过若把范围缩小到日本，就是几十年一遇的难得现象了。

怎么回事？太阳不见了！

会吓一跳吧！

古时候的人肯定

渡部博士小讲堂！

当月球运行至地球和太阳的正中间，恰好把太阳挡住时，就会发生日食现象。其中，日全食指的是太阳完全被月球遮挡的情况。此时，天色也会暂时变暗，在漆黑的太阳周围可以看到一圈平时观察不到的日冕※（第17页），十分美丽而神秘。另外，当满月运行到地球的阴影中时就会发生月食现象。不管是日食还是月食，都是难得一见的天文现象，如果有机会观察的话一定不能错过！

月影

当日食发生时，月球会在地球上投下一个影子。这个影子覆盖的区域，就是可以观测到日食的地区。

月球遮住太阳为日食

当月球运行到太阳和地球中间，三者排成一条直线时，月球就把太阳挡住了，在地球上就会出现日食现象。日食有两种情况：太阳完全被遮住时是日全食，部分被遮住时是日偏食。

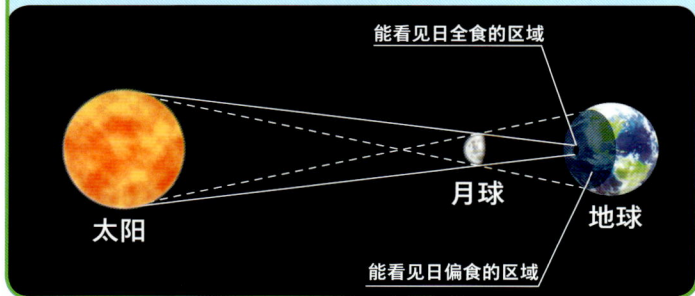

能看见日全食的区域

太阳　　月球　　地球

能看见日偏食的区域

宇宙与人

● 古人与日食 ●

在古时候，有很多关于日食的传说和神话故事。古人并不知道日食发生的原因，所以当他们看到天色突然变暗，太阳被一片漆黑吞噬时，想必是十分惊恐的。日本神话"天岩户"讲的是天照大神躲进岩石洞窟后又被众神引出的故事，据说表现的就是日全食的情景。

神话中说，把自己关进岩石洞窟中的天照大神再次现身，世界恢复了光明。

这是古代波斯宗教中的神——阿胡拉·玛兹达的雕刻。中间的圆代表太阳，翅膀则代表日冕。

术语集　◇日冕：太阳外侧的一层稀薄的高温气体。

日食的各种形态

钻石环

在月球将太阳完全挡住的一瞬间，以及太阳再次从月球后面露出的一瞬间，太阳光会在月球边缘形成一颗耀眼的光珠，极像是戒指上的钻石。

日环食

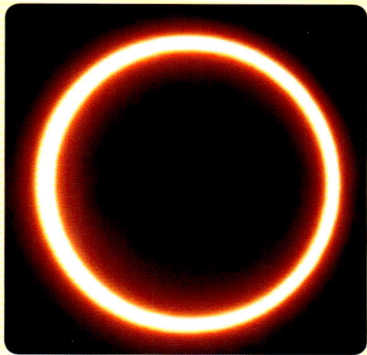

月球和地球的距离并非固定不变。当月球距地球较远，看上去较小时，就不能完全遮住太阳，此时形成的日食看上去带有一个金色的圆环，这样的日食叫作日环食。

不可思议的树影

阳光透过树叶间的细小空隙，在地面和墙上形成了光斑。平时这些光斑都是圆的，但日食的时候变成了环状。

虽说月球已经遮住了一部分的太阳光，但用肉眼直视太阳仍然是非常危险的。观测时请务必佩戴专用的日食眼镜。

月全食

满月完全进入地球的阴影就形成了月全食。不过就算太阳完全被地球挡住了，月球还是会呈现出淡淡的红色，这是由于太阳光中的红光穿过地球的大气时发生弯曲，有一小部分照到了月球上。

地球遮挡形成的钻石环

右图为"辉夜号"月球探测器（第36页）拍摄到的钻石环，这个钻石环是在地球的遮挡下形成的。当地球上发生月食的时候，月球上就是日食，即太阳被地球挡住了。

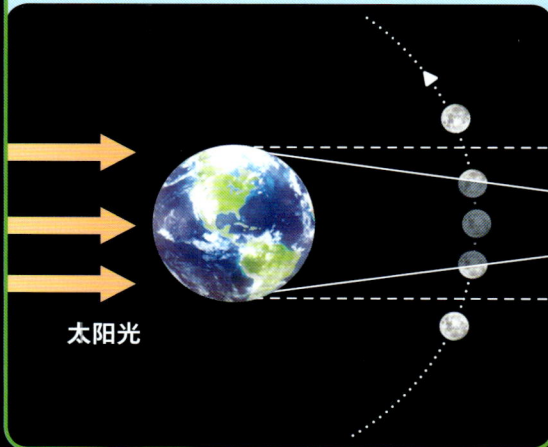

地球挡住太阳为月食

在满月的夜晚，当太阳、地球、月球正好排成一条直线时，就会发生月食现象。月食时，月球从地球的影子中穿过，月亮在短时间内发生亏盈。由于月球的轨道面和地球的公转轨道*面存在一定的夹角，所以只有当月球（满月时）正好处在地球的公转轨道面附近的时候才会发生月食。

太阳光

火星

火星

火星的卫星

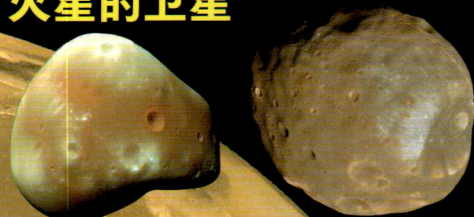

火卫二 **火卫一**

如果我们站在火星的赤道上，每天就能看到两次火卫一快速东升东落的情景。火卫一的直径不足30千米，在火星赤道上空9000千米左右的轨道上公转。5000万年后，它要么向火星坠落，要么在轨道上粉身碎骨，成为一道环绕在火星周围的环。火卫二不仅比火卫一小，距离火星也更远，由于火星的自转，它在火星的天空中看上去是从东向西移动的。这两颗卫星都是来自小行星带的小行星，被火星的引力捕获之后成为卫星。

水手号峡谷

渡部博士小讲堂！

火星是一颗和地球非常相似的行星，据推测在数十亿年前也有山和海。由于火星地表富含大量的氧化铁（赤铁矿），所以看起来是红色的，古人也称火星为"红色之星"。火星上也有明显的四季变化，这是因为其自转轴也有一定程度的倾斜。规模巨大的火山、峡谷*、撞击坑以及南北极的极冠*构成了火星复杂的地形。火星上究竟有没有生命存在？目前这对于我们来说还是一个谜。

壳
幔

基本数据

直径：6792千米（地球的0.5倍）
质量：地球的1/10
自转周期：24小时37分
公转周期：687天
到太阳的距离：平均2.2794亿千米
（地球的1.5倍）

核
（主要为铁和岩石）

火星只有地球的一半大，质量为地球的十分之一。火星上的重力比地球小很多：地球上10牛顿重的物体在火星上只重4牛顿。火星表面被岩浆*凝固后形成的岩石覆盖，许多地区的岩石上还覆盖着数米厚的尘埃。火星有一层稀薄的大气，但不会下雨。

火星冲日

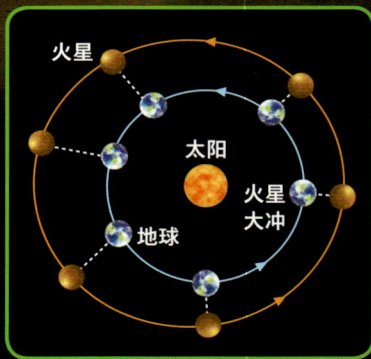

火星
太阳
火星大冲
地球

相比火星，地球距离太阳更近，运动速度也更快，所以有时会出现地球在火星和太阳之间，三者连成一线的情况。这种情况叫作火星冲日，发生的周期约为2年零2个月，此时火星距地球较近。此外，由于地球和火星的轨道都不是正圆，而是略扁的椭圆，因此每15—17年会发生一次火星大冲，此时火星距地球最近。

术语集 ◇峡谷：谷坡很陡的狭而深的山谷。 ◇极冠：行星或卫星的南北极被冰覆盖的区域。 ◇岩浆：在地下呈熔融状态的岩石。

曾经有水存在

人类遣往火星的探测器在火星的各地都发现了曾经为河流的地形。背景的这张照片为南半球的牛顿环形山，这个环形山并不大，像斜面一样的地形有可能是水从地层*中流淌出来形成的。

太阳系最大、最深的峡谷

大峡谷（地球，美国）

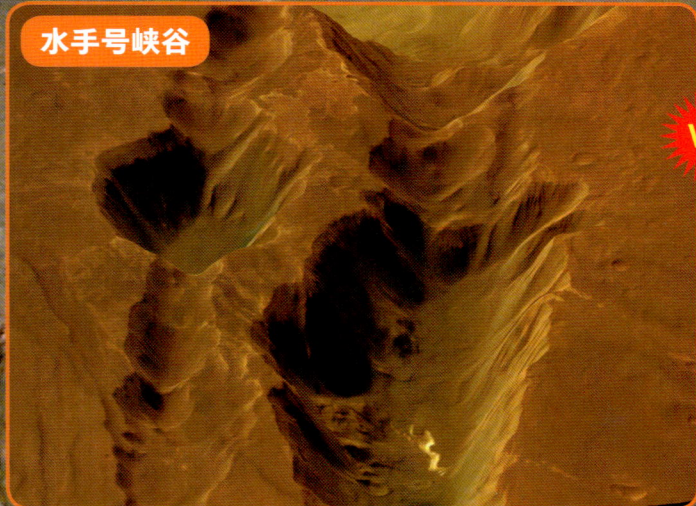

水手号峡谷

火星明明比地球小很多，没想到有这么大的火山和峡谷！

大峡谷位于美国亚利桑那州，由科罗拉多河历经数百万年时间雕蚀而成，长446千米，深1.6千米，最宽处为29千米，是地球上最大的峡谷。大峡谷与水手号峡谷的成因不同，规模也不同。

水手号峡谷位于火星的赤道附近，看起来像一道巨大的伤疤。它的长度超过2000千米，几乎占据了赤道的1/3，宽约200千米，深达7千米，是一个不折不扣的超级大峡谷。火星的地壳在巨大力量的作用下产生断层，大地开裂后不断被风化，最终形成了如此规模的大峡谷。

水手号峡谷与大峡谷的对比

水手号峡谷　　　　　　大峡谷

7km　　　　　　　　　　　　　1.6km

最宽 200km　　　　最宽 29km

太阳系最大的火山

奥林匹斯火山

奥林匹斯火山有一个平缓的大坡，缓坡绵延700千米，高25千米，约为珠穆朗玛峰的3倍。由于火星地表下的板块并不移动，所以火山口也不移动，只是在同一个地方持续喷发，并因此变得越来越巨大。

冒纳凯阿火山（地球）

位于美国夏威夷岛的冒纳凯阿火山海拔4.205千米，山上聚集着世界各国的望远镜。由熔岩流淌形成的缓坡一直延伸至海底，从海底开始算高度为10.203千米。如果周围没有海水，冒纳凯阿火山的规模堪称巍峨雄伟，然而和奥林匹斯火山一比，那就相形见绌了。

奥林匹斯火山和冒纳凯阿火山的对比

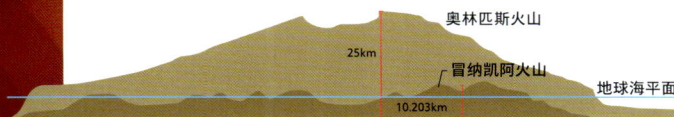

奥林匹斯火山

25km

冒纳凯阿火山

地球海平面

10.203km

术语集　◇地层：土壤、砂石和火山灰经过漫长的时间沉积而成的地面的岩层。

冰与大气交织而成的火星表情

火星的地貌

渡部博士小讲堂！

火星的大气中布满了飞舞的尘埃，所以它的天空看上去是橙色的。火星大气的主要成分是二氧化碳，冬天来临时，这些二氧化碳都会结成干冰的雪花，在两极越积越厚。火星的大气中只有极少量的水蒸气，因而气候十分干燥。冬季的平均气温为−90℃，夏季为0℃，可见四季的温差很大。而且火星南半球的气候差异要比北半球更大，有时夏季能达到30℃。火星大气的密度只有地球的1/100，然而剧烈的大气现象却不少，比如巨大的沙尘暴等。

点缀火星地表的冰

极冠

火星的极冠主要是干冰，干冰下面是一层永久冻土*，这层冻土的主要成分就是水冰。如果把这些冰融化成液态的水，那么火星的地表将被一层11米深的海洋覆盖。

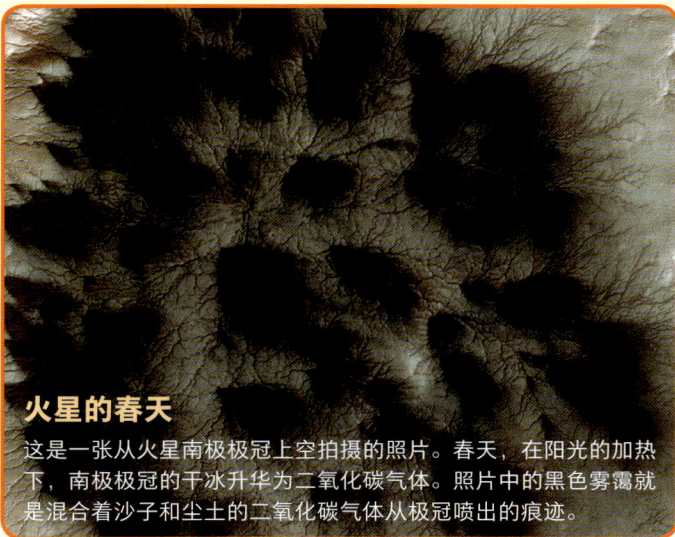

火星的春天

这是一张从火星南极极冠上空拍摄的照片。春天，在阳光的加热下，南极极冠的干冰升华为二氧化碳气体。照片中的黑色雾霭就是混合着沙子和尘土的二氧化碳气体从极冠喷出的痕迹。

火星上的霜

20世纪70年代后期，美国的"海盗2号"火星探测器首次在火星的大地上发现了霜。随后，其他的火星探测器也相继在冬季的两极地区发现了薄薄的霜，并确认其主要成分是二氧化碳和水。2012年，探测器在火星上发现了干冰之雪。

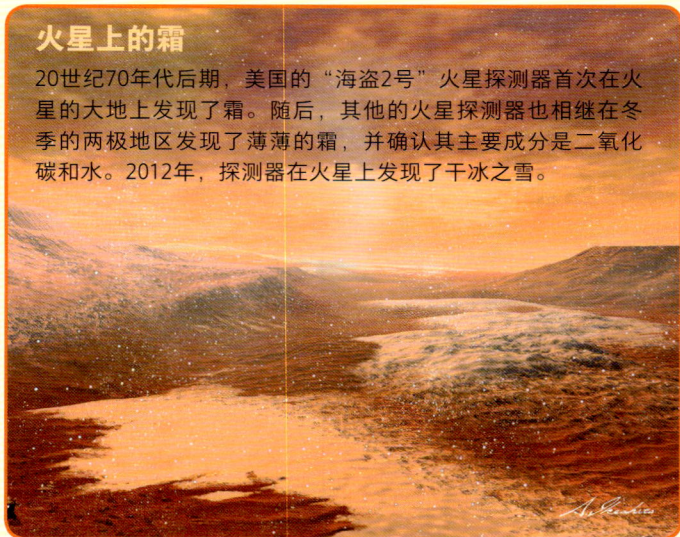

术语集 ◇永久冻土：长时间处于冰冻状态的土壤。

遮天蔽日的尘暴

尘暴

火星上绝大多数的尘暴都始于南半球宽广的希腊平原。它们几个小时后就能迅速扩大，几天后便能覆盖整个火星，即使使用小型的望远镜也能从地球上观测到。

晴天时

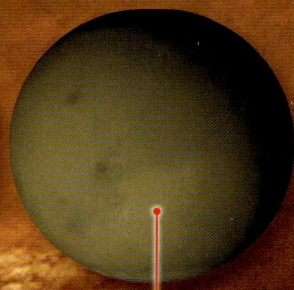尘暴发生时

这是一张由"火星勘测轨道飞行器"拍摄的巨型尘暴的照片。这类尘暴往往会变成巨大的龙卷风，在火星表面肆虐。

四处游走的龙卷风

尘卷风

当火星表面的温度在太阳的照射下升高时，被加热的大气就会将地表的沙土卷到空中，形成小规模的龙卷风——尘卷风。尘卷风在火星表面四处游走的样子，仿佛是恶魔在寻找猎物，所以在英文中尘卷风被称为"尘魔（dust devil）"。

尘卷风经过之处留下了不可思议的纹理。

蓝色的晚霞

火星的大气中含有大量的尘埃。这些尘埃颗粒能分散掉太阳光中的红光，最后只剩下蓝色的光能进入观察者的眼中，因此火星的晚霞看上去是蓝色的。

火星上的冰可以吃吗？

蓝色的晚霞看起来好神秘啊！

从地球派来的使者

火星探测器

渡部博士小讲堂！

从20世纪60年代开始，美国、苏联（后为俄罗斯继承）、欧洲各国和日本等国家相继开展了火星探测计划，向火星发送了40多台无人探测器。虽说成功者不足一半，但那些顺利到达火星的探测器还是给我们带来了数量可观的新发现。当然，火星上的谜团还有很多，需要我们持续不断地开展研究。根据科学家的估计，到2030年左右，人类说不定就能踏足火星了！

环绕火星飞行的探测器

环绕火星飞行的轨道飞行器能在火星上空收集各种各样的数据，例如火星表面的详细地形、地表随着四季更迭发生的变化、围绕在火星周围的卫星的情况等等。火星的真实面貌正在一点点地呈现在人类面前。

● 海盗1号

● 水手8号

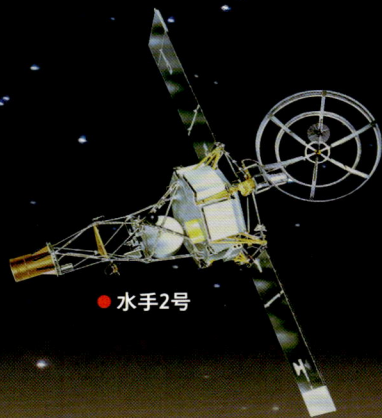

● 水手2号

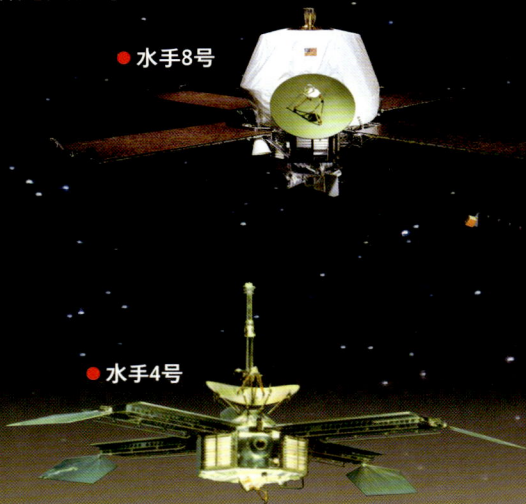

● 水手4号

● 火星观测者号

在火星上漫游的探测器

火星车可以在火星表面四处漫游，不仅能拍摄照片，还能执行各种各样的任务，比如调查大气成分、采集土壤样本、探寻水与生命的踪迹等等。

机遇号火星车拍摄的火星照片

2004年，"机遇号"火星车在赤道以南的子午高原成功着陆，随后开始了它长达14年的火星探索之旅。"机遇号"能在火星表面自主行走，并用机械臂采集岩石和土壤样本，最终为我们得出了火星上曾经有水存在的结论。

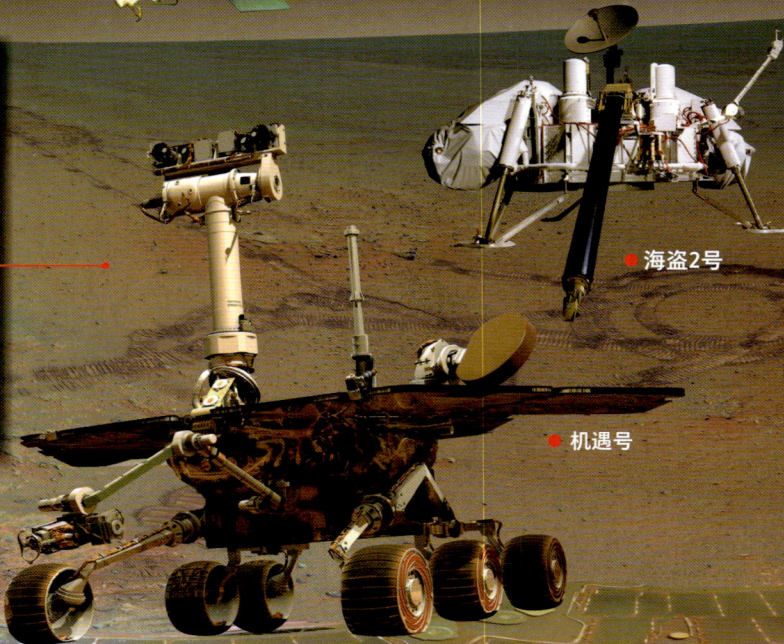

● 海盗2号

● 机遇号

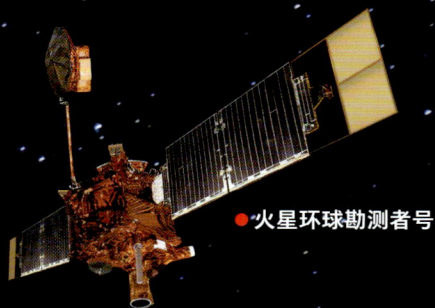

● 火星奥德赛号

由错误命名引发的骚乱？
火星探测史话

1877年火星大冲之际，意大利天文学家乔凡尼·斯基亚帕雷利观测到火星上有许多黑色的线，他在发表这一成果时把这些黑线称作"canali"，在意大利语中是"水道"的意思。然而在翻译成英文的时候，这个词被误译成了"canal"，即"运河"。于是，火星上有火星人建造的建筑物的谬误迅速蔓延了世界。1938年，美国人还做过一个叫"火星人入侵"的广播节目，在社会上引起了巨大的恐慌。直到20世纪中期，通过对火星的观测，人们才确认了火星上并没有火星人。

● 火星快车号

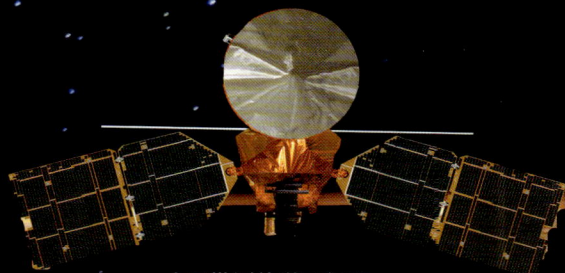

●火星环球勘测者号

● 火星勘测轨道飞行器

● 凤凰号

● 旅居者号

来了！最新的火星探测器！

"好奇号"准备着陆。

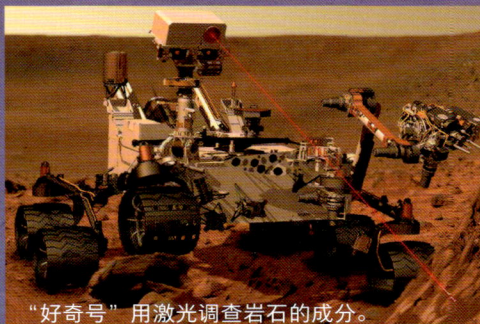

"好奇号"用激光调查岩石的成分。

"好奇号"着陆之后拍的自拍照。

"好奇号"火星车

2011年11月，史上最大、造价最贵、拥有最尖端性能与装备的"好奇号"火星探测车开始了它的火星之旅。2012年8月，"好奇号"成功着陆。大家都期待着它能在火星上发现生命的痕迹。

在太阳系中漫游的小型天体

追寻小行星

渡部博士小讲堂！

小行星相当于行星的碎片。在太阳系诞生之时，这些本该成为行星的天体互相碰撞，碎裂成块，始终没能长成行星的大小，于是就成了小行星。正如我们可以从古地层的化石中了解地球的过去一样，对小行星的探测也能给我们提供线索，帮助我们解开46亿年前太阳系诞生时的种种谜团。

丝川是一颗怎样的小行星？

丝川长500米左右，它的轨道大半在火星内侧。根据日本"隼鸟号"探测器的调查，丝川是一个由许多小碎石聚集而成的岩石天体，内部有40%都是空隙。

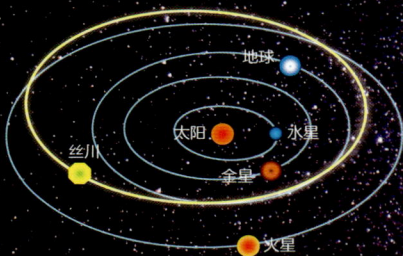

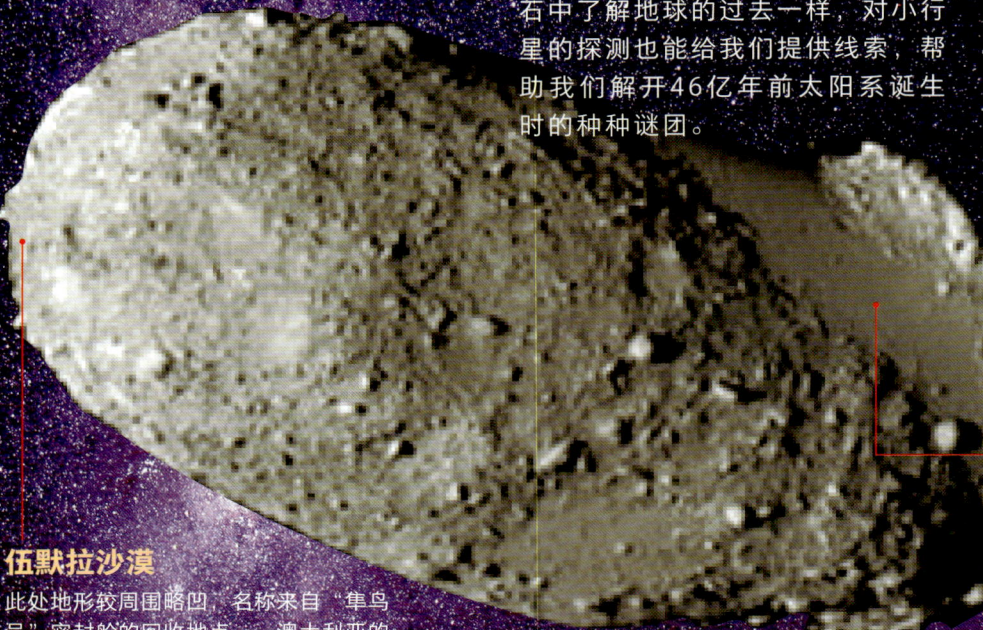

伍默拉沙漠

此处地形较周围略凹，名称来自"隼鸟号"密封舱的回收地点——澳大利亚的伍默拉沙漠。

※上图为"隼鸟号"拍摄的丝川实景。

"隼鸟号"的旅程

缪斯海只有60米宽，要在如此窄的区域内着陆是十分困难的。另外，"隼鸟号"在返回地球途中还遇到了通信中断、发动机失效等种种难题。

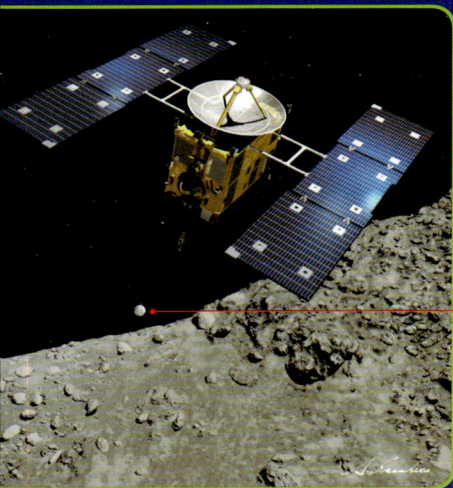

标记物

这是"隼鸟号"在着陆时发射的用于标记位置的小球。小球直径10厘米左右，可以反射"隼鸟号"发出的闪光。

落在丝川上的影子

这张照片拍摄于2005年11月20日3时58分，能看到"隼鸟号"和标记物落在丝川上的清晰的影子。

※上图为"隼鸟号"拍摄的丝川实景。

用激光测定距离，准备着陆

"隼鸟号"向丝川发射激光束，测量与地面的距离，然后在空中调整好姿势，准备垂直降落。

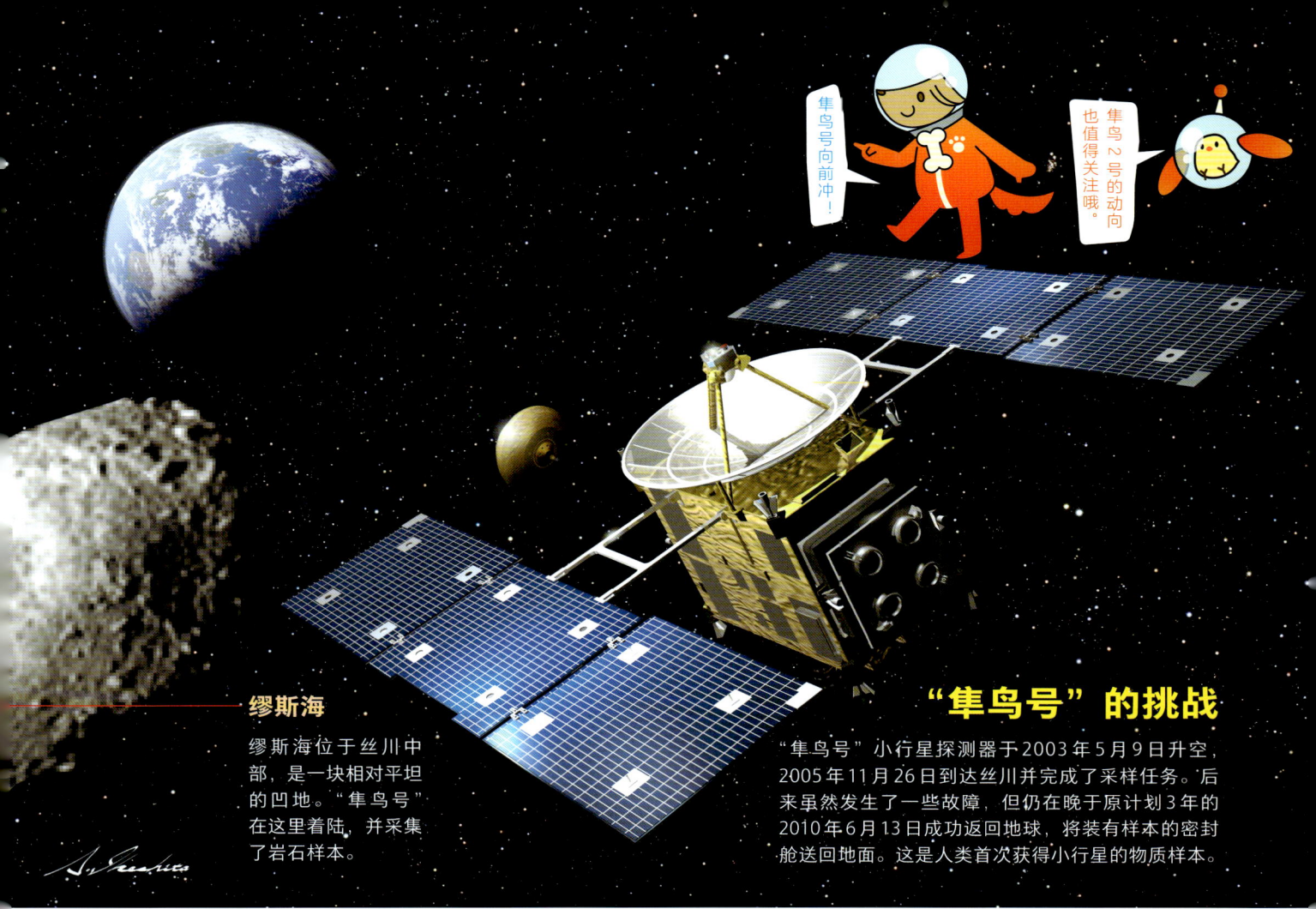

缪斯海

缪斯海位于丝川中部,是一块相对平坦的凹地。"隼鸟号"在这里着陆,并采集了岩石样本。

"隼鸟号"的挑战

"隼鸟号"小行星探测器于2003年5月9日升空,2005年11月26日到达丝川并完成了采样任务。后来虽然发生了一些故障,但仍在晚于原计划3年的2010年6月13日成功返回地球,将装有样本的密封舱送回地面。这是人类首次获得小行星的物质样本。

返程的"隼鸟号"

这是"隼鸟号"再入大气层时的情景。进入地球大气层之前,装有样本的密封舱从主体分离,最终安全地将丝川上的物质送回了地面。

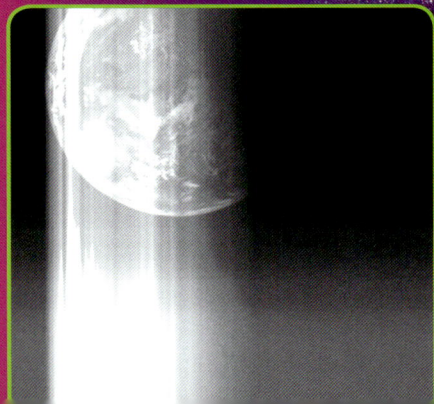

着陆和采样

"隼鸟号"着陆时采用了自主导航技术,能根据现场的情况自己做出判断、反应。在着陆的同时,"隼鸟号"还向丝川发射了子弹,捕获到了因冲击而飞起的碎片。

密封舱

装有样本的密封舱最终降落在澳大利亚。

"隼鸟号"拍摄到的地球

这是"隼鸟号"最后拍摄的故乡地球的照片。

从天而降的天体

陨石与撞击坑

渡部博士小讲堂！

有些小行星的轨道与地球擦肩而过，当它们运行至地球附近时，就有可能向地球坠落。这些小行星大部分都很小，在坠落的过程中，与大气产生强烈的摩擦，因而燃烧殆尽。但也有一小部分较大的天体，在到达地表时仍未耗尽，最终撞向地面。这些从天而降的天体就是陨石，在地面撞出的大坑就是撞击坑。大型天体撞击地球时会产生强烈的冲击，激起的尘土往往遮天蔽日，甚至能改变地球上的环境。

恐龙的灭绝

大约6500万年前，当时称霸地球的恐龙似乎在一夜之间突然灭绝了。据推测，导致恐龙灭绝的主要原因之一就是巨型陨石撞击地球导致的环境巨变。

巴林杰陨星坑

巴林杰陨星坑位于美国的亚利桑那州，直径1200米，深达170米。从散落在附近的陨石碎片来看，这个撞击坑是在5万年前，由一个重达30万吨的富含铁的陨石撞击形成的。

来自火星的陨石

火星上的岩石被陨石撞击，碎裂飞溅，甚至可能飞出火星，进入宇宙空间。这些火星碎片飘荡在宇宙中，其中一些在经历了漫长岁月后开始向地球坠落。目前地球上已经发现了近40块来自火星的陨石，有的陨石内部似乎还有像生物一样的东西（如右图）。

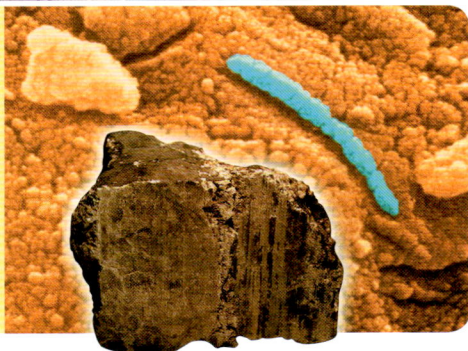

宇宙与人

●由陨铁铸成的日本刀●

流星刀

许多陨石中都富含铁，这类陨石也叫陨铁，在世界各地均有发现。日本人在明治时代（1868—1912）也在富山县发现了陨铁，并将其锻造成日本刀，名为流星刀，一共有5把。

小行星的乐园
小行星带

渡部博士小讲堂！

太阳系中存在着数量众多的小行星，目前已发现的就有数十万个之多。其中很多小行星都集中在火星和木星之间，科学家将这片区域称为小行星带。顾名思义，小行星是比行星更小的天体。谁发现了新的小行星，谁就有权为它命名。2009年，日本的两位中小学生就发现了一颗新的小行星，也许下一个发现小行星的人就是你！

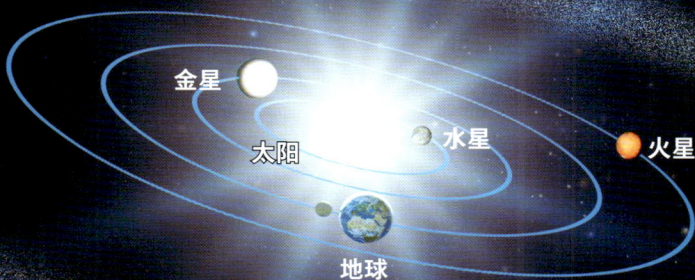

金星

太阳

水星

火星

地球

木星

小行星带

虽然有少数小行星的轨道在金星内侧，但绝大部分的小行星都集中在火星和木星之间绕太阳公转。这些小行星轨道密集分布的地带就是小行星带。

各种各样的小行星

加斯普拉

直径10—20千米的扭曲的小行星。在小行星带内缘（即靠近火星的一侧）的轨道上公转。

玛蒂尔德

直径约53千米的很有特点的小行星。上面有好几个大撞击坑，比所有小行星的平均半径都要大。

艾达

这是一颗细长形的小行星，长60千米，宽20千米，有一颗卫星即艾卫。

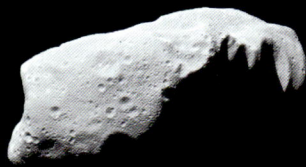

灶神星

人类发现的第四颗小行星，体积很大，直径约有530千米。由于它的形状近乎一个球体，未来有可能被认定为矮行星*（第69页）。

宇宙与人

第一个发现小行星的人
朱塞普·皮亚齐

朱塞普·皮亚齐
（1746—1826）

当人们在土星外侧发现天王星之后，许多人开始怀疑火星和木星之间或许也存在着其他未知的行星。随后在1801年1月1日，意大利天文学家朱塞普·皮亚齐首次发现了谷神星，这是人类发现的第一颗小行星。到了1807年，智神星、婚神星和灶神星也被其他天文学家陆续发现。这些类似行星的天体都比行星要小很多，于是被称为小行星。

术语集 ◇矮行星：一种像行星一样的较大且近于圆球形的天体，但它们的公转轨道上还留有其他天体。

太阳系最大的行星

木星

木星是太阳系最大的行星。有人说木星是"差点成为太阳的行星"，那是因为木星和太阳一样，绝大部分都由氢气组成，但质量却只有太阳的千分之一。如果木星的质量是现在的80倍，那就有可能成为第二个太阳，与太阳组成双星*系统（第108页）。不过，那样的话我们的地球就不能获得如此稳定的环境，生命也就无法诞生了。

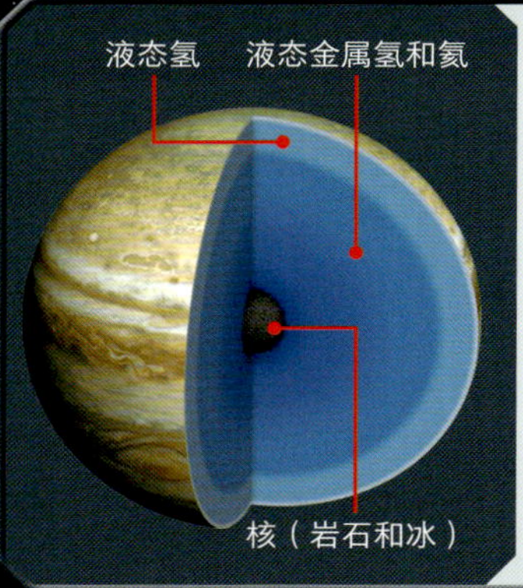

液态氢　液态金属氢和氦

核（岩石和冰）

基本数据

直径：142,984千米（地球的11倍）

质量：地球的318倍

自转周期：9小时56分

公转周期：11.9年

到太阳的距离：平均7.783亿千米（地球的5.2倍）

木星的质量是地球的318倍，体积是地球的1321倍，但密度比地球小，主要由氢（约89%）和氦（约11%）组成，是一颗气态巨行星。由于自转速度非常快，离心力使得木星在赤道处膨胀，两极处收缩，整体呈略扁的球形。

术语集　◇双星：在彼此引力的作用下互相绕着对方转的两颗恒星。

大红斑

木星上最醒目的标志恐怕就是位于南半球的像一只大眼睛一样的大红斑了。天文学家早在300多年前就发现了它，毕竟它十分巨大，能放进两三个地球呢。大红斑实质上是一个巨型的反气旋风暴，据科学家推测，今后它很可能会一直存在下去。

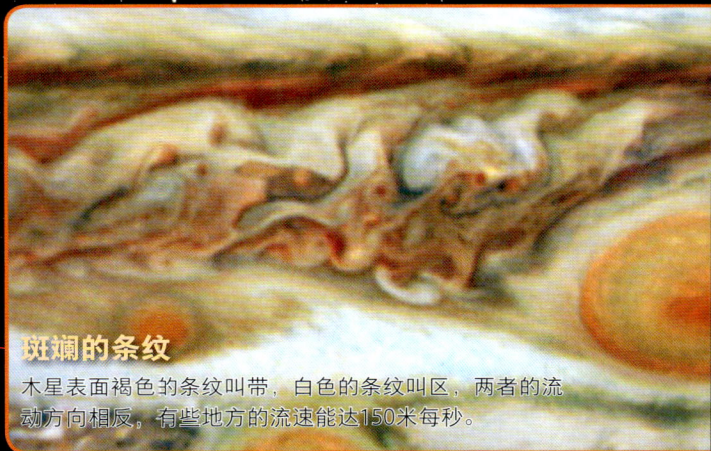

斑斓的条纹

木星表面褐色的条纹叫带，白色的条纹叫区，两者的流动方向相反，有些地方的流速能达150米每秒。

木星环

木卫十五

木卫五

木卫十四

木卫十六

1979年，科学家首次发现了木星周围有三个淡淡的环。和土星环不同的是，木星环的主要成分并不是冰粒，而是由附近的木卫十五、木卫十四等卫星释放出的尘埃物质构成。

这里随便什么都比地球大啊！

就算彗星撞上去也

是岿然不动啊！

彗木相撞
（舒梅克-列维9号彗星）

1993年3月，科学家发现有一颗彗星*（第70页）被木星巨大的引力捕获，正在一边解体一边围绕木星旋转，这就是舒梅克-列维9号彗星。第二年7月，已裂成20多块的彗星碎片尽数坠入木星。

木星里面究竟发生着什么？

木星的大气中耸立着巨大的云层，云间充斥着电闪雷鸣。这里的雷电比地球上的可要强烈得多，放出极为耀眼的白光。

伽利略的四卫星

木星的卫星

木星拥有的卫星数量众多。其中有名字的卫星就有57个，还有22个卫星目前只有编号。大多数木星卫星的直径不足10千米，而且有61颗卫星的公转方向与木星的自转方向相反，也就是说，是逆行卫星。木星的卫星中有4颗特别巨大，它们的直径从3100千米到5300千米不等，大小堪比行星，一直以来都是科学家密切关注的对象。

喷发的活火山

皮兰托边火山

1997年，"伽利略号"木星探测器发现，木卫一的皮兰托边火山正在喷出大量的浓烟，烟柱延伸至140千米的高空，直达宇宙空间。木卫一上的火山一年喷出的熔岩量是地球火山的100倍之多。

皮兰托边火山的示意图。

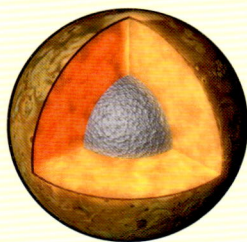

科学家认为，受木星引力的影响，木卫一的壳内物质发生扭曲，拉扯摩擦产生的热量使得地下50千米深处形成了一片岩浆之海。

木卫一

1979年，NASA的空间探测器"旅行者1号"发现了木卫一上的火山，这是人类第一次在地球之外的天体上观测到活火山。木卫一比月球大一圈，上面有好几座喷着浓烟的活火山。

● 伽利略的发现 ●

1610年，伽利略凭借自制的30倍望远镜发现了木星周围围绕着4个行星大小的天体。那一刻，他在心底确信了日心说*才是正确的。因为眼前这4个天体围绕木星公转的情景，正好和他自己想象中的行星围绕太阳公转的情景完全重合。这4颗大卫星后来被并称为伽利略卫星。

伽利略·伽利雷
（1564—1642）

木卫三
木卫一
木星
木卫二
木卫四

伽利略卫星的轨道

伽利略号探测器

1989年由航天飞机发射升空，1995年接近木星，开始对木星及其卫星进行观测。2003年，完成了观测任务的"伽利略号"冲进木星大气层，结束了自己的使命。

厚达200千米左右的冰层之下，有一层液态的水。再往下是岩石和冰组成的混合层，据推测木卫四的中心并没有核。

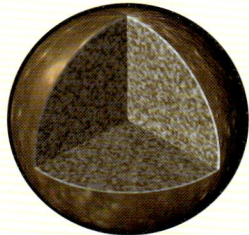

木卫四

和水星差不多大，但稍小一些，是位列木卫三和土卫六之后的太阳系第三大卫星。表面被冰覆盖，下方很可能有液态的水层。

中心是一个液态金属核，外侧是岩石层、较软的冰层，最外层的壳由坚硬的冰构成。

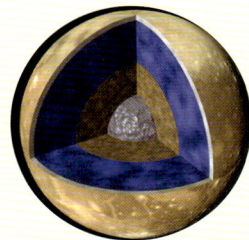

木卫二

伽利略卫星中最小的一颗，比月球还要小一圈。它的公转周期是木卫一的两倍、木卫三的一半，运行时受到木星和这两颗卫星引力的影响。

木卫三

比水星还要大一圈，是太阳系中最大的卫星。它的表面地形鲜明地分为两大类：布满了撞击坑的暗区，以及呈沟槽状延伸的明区。

术语集 ◇日心说：认为地球绕着太阳转的学说。

冰层之下究竟有什么？

木卫二

渡部博士小讲堂！

在木卫二的冰层表面之下，蔓延着的是深达100千米的海洋。从20世纪70年代起，就有科学家设想木卫二上或许有大片的海洋，这一假想不断激发着科学家和科幻小说作者的灵感。如果木卫二上有海，加上核提供的热量，那么木卫二上就很可能有生命诞生。目前，各种探测器给我们带回的数据尚不能否定木卫二上有生命这一假设。

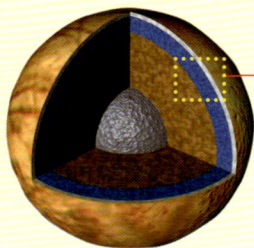

木卫二的内部

木卫二的核主要由铁构成，其外是一层岩质的幔，再外层很可能就是水的海洋了。热水不断从海底上涌，在海洋内部形成了对流。

如果木卫二上有生物，你打算怎么办？

我想试试饲养起来。

木卫二的表面

木卫二的表面覆盖着厚达数千米的冰质外壳。在木星强大引力的作用下，外壳始终在崩开、龟裂，同时下层的海水通过裂缝涌至表面后再次结冰，如此循环往复，最终形成了木卫二表面的独特纹理。

地球的深海

在太阳光几乎无法抵达的地球深海海底也能找到生命的踪迹，由此可知，即使没有阳光或植物，只要有水和能量，生命就能繁衍下去。在此基础上我们可以大胆假设，离太阳较远的木卫二上也有可能存在生命。

深海6500深潜器

用于考察地球深海的潜水器，可搭乘3人。正如名字所示，它最深可潜至海平面下6500米的深处。

海底烟囱

在地球深海海底有许多海底烟囱，这是热液不断喷涌的地方，在它周围生活着各种各样的生物。从海底烟囱喷涌出的热液中富含各种化学物质，是细菌的食物，而这些细菌又成为其他生物的食物，使它们能繁殖下去。

管虫

在海底烟囱周围发现的一种细长状的动物。它们生活在阳光无法照到的深海，什么也不吃，和细菌一起过着共生生活。

木卫二的海洋

这是一幅探测器潜入木卫二海洋深处的想象图。海底不断有热液涌出。

A. Ikeshita

拥有巨大美丽光环的行星

土星

渡部博士小讲堂！

土星是我们在地球上用肉眼能看到的最远的行星。使用天文望远镜观测的话，你一定会被土星那美丽而神秘的光环深深吸引，因为它的美而屏息。自1610年伽利略·伽利雷使用自制的天文望远镜观测到土星以来，土星始终刺激着科学家的好奇心。现在，虽说人类的探测器已经在土星的卫星上成功着陆，但仍有众多的谜团等着我们去解开。

土星环

1610年，首次用望远镜对土星进行观测的人是伽利略。伽利略把土星环称作"土星的耳朵"，认为那是两颗巨大的卫星。直到1655年，大家才发现那其实是一个光环。后来随着观测技术的进步，人们又发现这个光环并不是一块连续的平板，而是由好多个圆环层层嵌套而成，中间留有许多空隙。看上去较大的环有7个，不过实际上它们都是由无数的细环组成。这些环在本质上是大小几厘米到几米不等的岩石和冰粒的集合，环的厚度不过10米左右。

卡西尼环缝

1675年，乔凡尼·卡西尼发现土星环由好几个环组成，并且环与环之间还存在着暗缝。后来人们把他首次发现的暗缝称为卡西尼环缝。

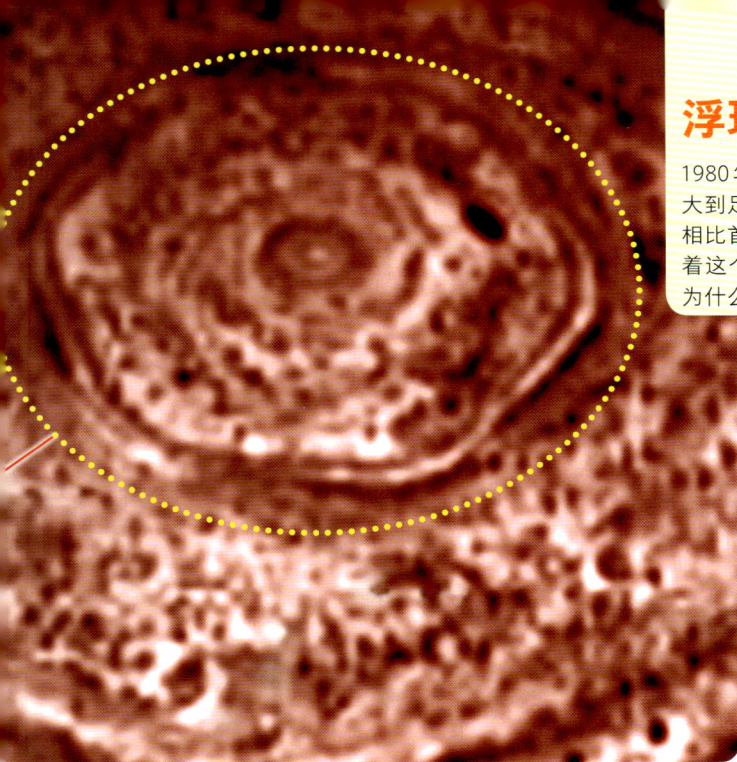

浮现于北极的神秘六边形

1980 年，NASA 在土星的北极发现了一个神秘的六边形。这个六边形非常大，大到足以容纳两个地球。2006 年，"卡西尼号"土星探测器再次捕捉到了它，相比首次发现，这个六边形几乎没有什么变化。"卡西尼号"同时还发现，沿着这个六边形正在刮着 100 米每秒的风暴。这个六边形究竟为什么会形成？为什么这么多年来毫无变化？科学家尚未得出确切答案。

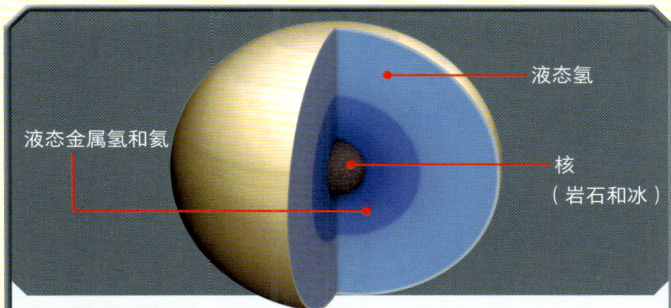

液态氢

液态金属氢和氦

核
（岩石和冰）

基本数据

直径： 120,536 千米（地球的 9.4 倍）

质量： 地球的 95 倍

自转周期： 10 小时 40 分

公转周期： 29.5 年

到太阳的距离： 平均 14.335 亿千米（地球的 9.6 倍）

土星是太阳系中排在木星之后的第二大、也是第二重的行星。尽管如此，土星的平均密度只有地球的 1/8，假如有一个超大的水池能容纳土星，那么土星一定能在上面漂浮起来。这是因为土星是一个由非常轻的气体组成的气态巨行星，其中 96% 是氢，4% 是氦。

龙形风暴

2004 年，"卡西尼号"探测器在土星的南半球观测到了巨大的龙形风暴。这些风暴仿佛一条条蜿蜒卷曲的巨龙，一边吐着雷光，一边喷火搅动着大气，形成了一个个旋涡。这种风暴比地球上的风暴强烈 1000 倍，面积相当于整个中国。

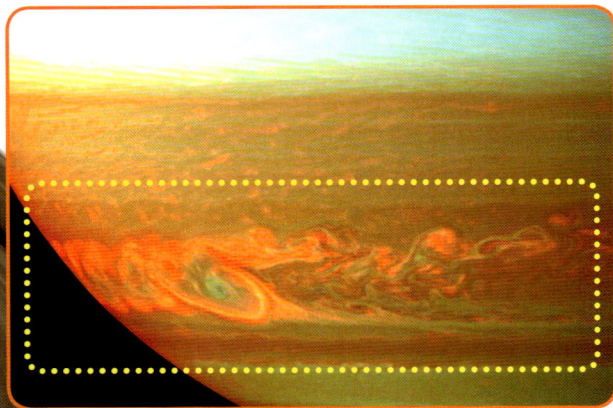

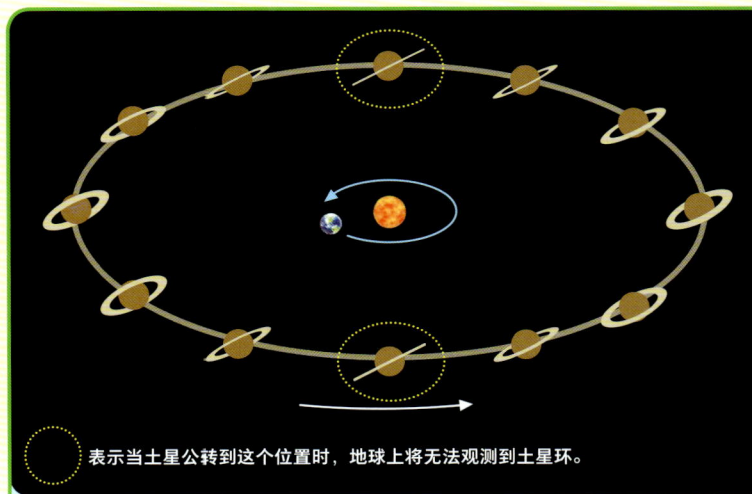

表示当土星公转到这个位置时，地球上将无法观测到土星环。

观测土星

土星就像一只微微倾斜地旋转着的陀螺，它围绕太阳公转一周需要大约 30 年，所以从地球上看，土星环每年的倾斜程度也不尽相同。在有的年份，土星正好以侧面对着我们，那么此时我们将完全看不到土星环，因为尽管土星环宽度很大，但几乎没有厚度。这样的现象每隔 15 年就会发生一次。

有个光环就是帅气，啊！

是不是只有巨大的行星才有环呢？

数量超过80颗！

土星的卫星

1655年，人类发现了第一颗土星卫星——土卫六。到20世纪结束时，已发现的土星卫星达到了18颗。进入21世纪后，新的卫星不断被发现，截至目前，得到命名的土星卫星共有53颗，另有29颗拥有暂时的编号，卫星的总数在太阳系中居于首位。土星的卫星形态各异，科学家对它们一直有着浓厚的兴趣。

土卫六

从地表到880千米的高空充满了由氮气组成的大气，浓度是地球的1.5倍。由于有甲烷云层的遮挡，从土卫六上空并不能直接看清地表的详细情况。土卫六是排在木卫三之后的太阳系第二大卫星，直径大约为5150千米。

卡西尼号

1997年，由美国和欧洲合作研发的"卡西尼－惠更斯号"土星探测器发射升空，2004年到达土星。2005年，"惠更斯号"着陆器在土卫六上成功着陆。"卡西尼号"和"惠更斯号"为我们解开了许多围绕着土星和土卫六的谜团。

惠更斯号

甲烷湖

"卡西尼号"用雷达探测到土卫六的南北两极有数百个液态甲烷与乙烷之湖。这些湖的面积从10,000到100,000平方千米不等，绝大多数都很巨大，与其说是"湖"，不如说是"海"更为恰当。

土卫六的大地

"惠更斯号"在着陆的过程中，发现土卫六的地表有许多液态甲烷的河流，以及类似三角洲*的地形。当"惠更斯号"在一处泥泞的地面软着陆之时，地面正笼罩在一片甲烷的雾雨之中。此外，"卡西尼号"还发现，土卫六表面以下500千米的范围内都没有岩石，全是厚厚的冰。

术语集 ◇三角洲：河流的分支与大海围成的三角形平原，是一种在河口附近比较常见的地貌。

土卫二

直径498千米，大小在土星的卫星中排名第6。表面被冰层覆盖，上面有一层像水蒸气一样的稀薄的大气。

冰的间歇泉

土卫二的南极附近存在着冰的火山，会喷发出大量细小的冰粒。科学家在这些冰粒之中发现了水和有机物，所以和木卫二一样，土卫二上也有可能孕育着生命。

土星的其他卫星

土卫一上有一个巨大的撞击坑，直径达卫星自身直径的1/3。土卫三上有一条壮阔的大峡谷，长度是赤道周长的3/4。土卫四有一层以氧元素为主的极其稀薄的大气。土卫八黑白分明，表面颜色一半较亮一半较暗。土星的每颗卫星都独一无二，极具个性。

土卫一　　土卫三　　土卫四　　土卫八

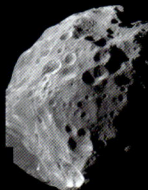

土卫九

二卫九在土星肉眼看不见的超巨型光环中公转，公转方向与土星的自转方向相反。据科学家推测，构成超巨型光环的物质，很可能就是从土卫九上剥离下来的。而土卫八之所以有一半是黑的，或许也是因为从土卫九飞来的物质不断在半球的表面积累，把表面涂黑了。

肉眼不可见的最大的环

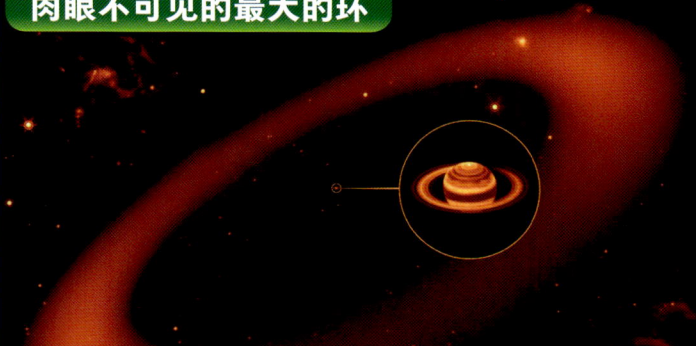

2009年，能够观测红外线的斯皮策空间望远镜在土星外围发现了一个直径3600万千米，厚120万千米的超巨型光环。这个光环只能通过观测一种叫红外线的肉眼看不到的光线才能发现。假如我们能用肉眼直接从地球上看到这个光环的话，那么围绕在土星周围的将是一个比满月还大两倍的巨环。

土星主要卫星的轨道

土星有80多颗卫星，但直径超过50千米的卫星仅有13颗。根据运行轨道的特征，卫星可分为规则卫星*和不规则卫星*两大类，土星拥有24颗较大的规则卫星，其余的都是较小的不规则卫星。其中最大的不规则卫星是土卫九，直径为220千米。绝大多数卫星的轨道距离土星都很远，其中直径约6千米的土卫四十二在距离土星1250万千米的轨道上公转，公转一周需要4年多的时间。

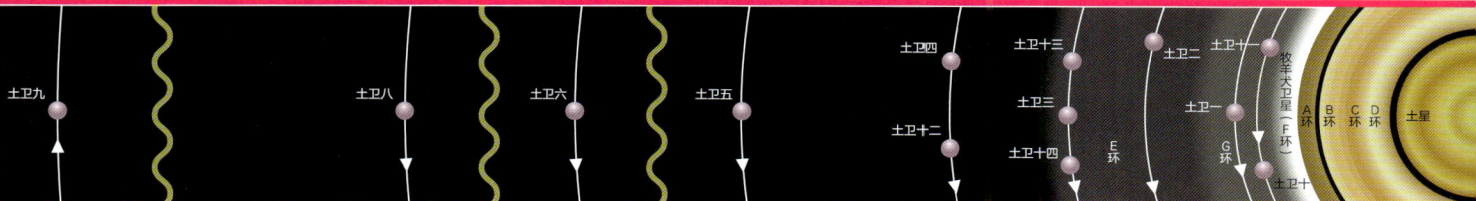

◇规则卫星：普通情况下的卫星，这种卫星的公转方向与其所围绕的行星的自转方向一致。 ◇不规则卫星：和普通情况下的卫星相比，这种卫星的轨道一般距离行星更遥远，有的轨道非常扁，有的非常倾斜，有的是逆行的，即和行星的自转方向相反。

躺着自转的行星

天王星

为什么天王星的自转轴如此倾斜？

很久以前，天王星和地球一样，向着公转的方向自转。后来，有一个巨大的天体撞了过来，把天王星的自转轴撞"倒"了。这是目前最有说服力的假说。另外，考虑到天王星卫星的轨道和环也是倒着的，因此这种撞击很可能发生在天王星刚诞生的时候。

真的就像倒了的样子！

总觉得有点头晕目眩！

渡部博士小讲堂！

天王星几乎是以横躺的姿态绕着太阳公转的，也就是说它的自转轴几乎贴着公转轨道平面。天王星距离太阳很远，只有很少的太阳光能到达这里，所以天王星上十分寒冷，只有-200℃。此外，天王星还有一个比地球稍弱一些的磁场，但是为什么这个磁场和自转轴存在60°的夹角呢？原因至今还是一个谜。

宇宙与人

• 发现天王星的人 •

威廉·赫歇尔是一名出生在德国的英国观测天文学家。1781年3月13日，他使用自制的望远镜观察星空的时候偶然发现了天王星。赫歇尔还发现了土星的两颗卫星和天王星的两颗卫星，在天文学领域留下了许多成果。赫歇尔的妹妹卡罗琳·赫歇尔作为其助手，也发现了好几颗彗星。

威廉·赫歇尔
（1738—1822）

核（岩石和冰）　　氢气（以及少量的氦气、甲烷）

幔

基本数据

直径：51,118千米（地球的4倍）

质量：地球的14.5倍

自转周期：17小时14分钟

公转周期：84年

到太阳的距离：平均28.7503亿千米
　　　　　　　（地球的19倍）

天王星的核由岩石和冰组成。核的外围是水、氨气和甲烷结成的冰形成的幔。幔的外侧被氢气、氦气和甲烷组成的大气所包围。由于大气中含有甲烷，所以天王星看上去是淡蓝色的。

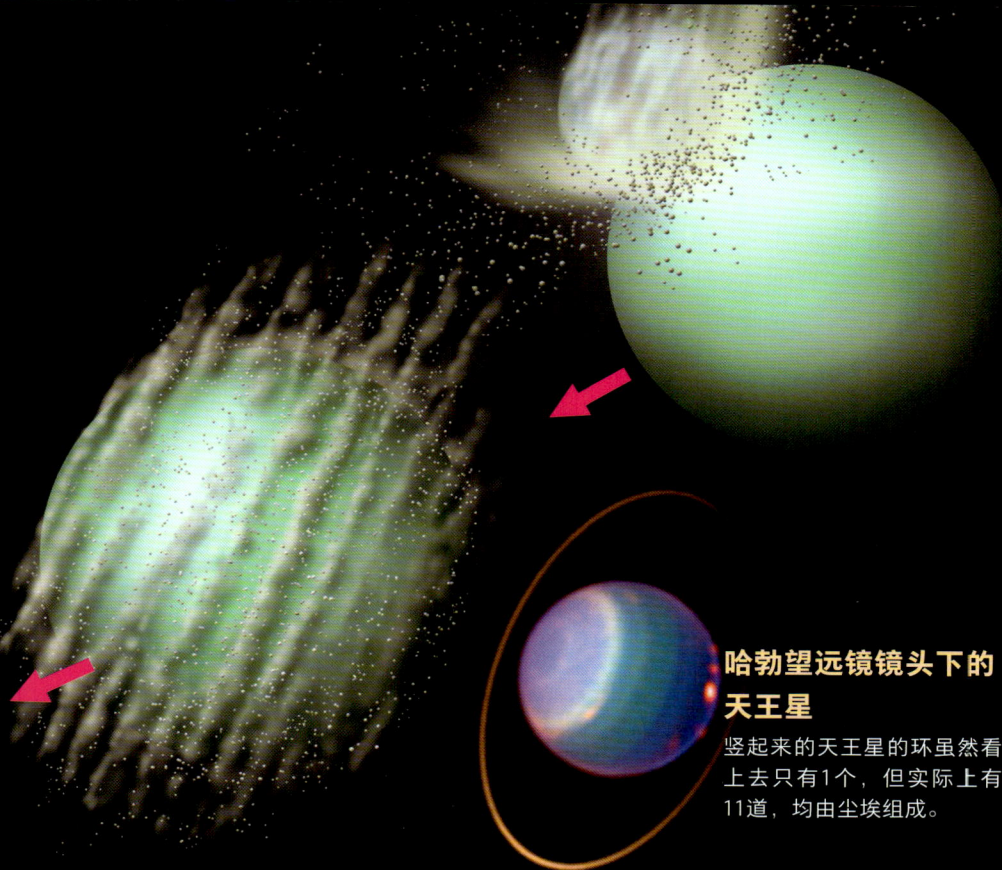

哈勃望远镜镜头下的天王星

竖起来的天王星的环虽然看上去只有1个，但实际上有11道，均由尘埃组成。

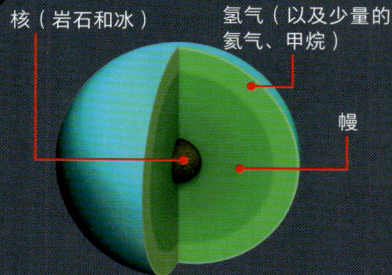

天王星的卫星

天卫二

在已确认的27颗天王星的卫星中，天卫一、天卫二、天卫三、天卫四和天卫五被称为五大卫星。天卫二是这五大卫星中最暗的一颗，上面遍布着撞击坑。

天卫五

天卫五距离天王星最近，也是五大卫星中最小的一颗。天卫五的表面几乎完全被冰覆盖，地表还有很多巨型深谷，这是曾经有过剧烈地壳变动的证据。

牧羊犬卫星

牧羊犬卫星是指这样一类卫星：它们运行在行星环的外侧或间隙，能以自身的引力维持行星环的稳定。它们发挥的作用就像是管理羊群的牧羊犬，因此被命名为牧羊犬卫星。天王星的天卫六和天卫七就是两颗牧羊犬卫星。

天卫三

天卫三是在"旅行者2号"探测器向宇宙进发之前就被发现的五大卫星中最大的一个。它的表面有巨大的峡谷，表明过去这里可能有过剧烈的地壳变动*。

旅行者2号

1977年，NASA发射了"旅行者2号"空间探测器，目标是探测从木星到海王星这4颗行星。目前它已经向太阳系外进发。途经天王星时，"旅行者2号"发现了天王星上磁场的存在以及10颗新卫星，并调查了大气与环的性质。

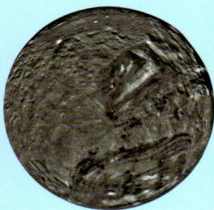

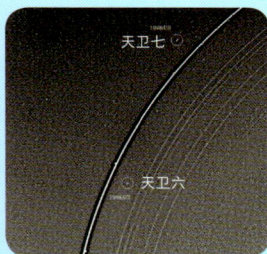

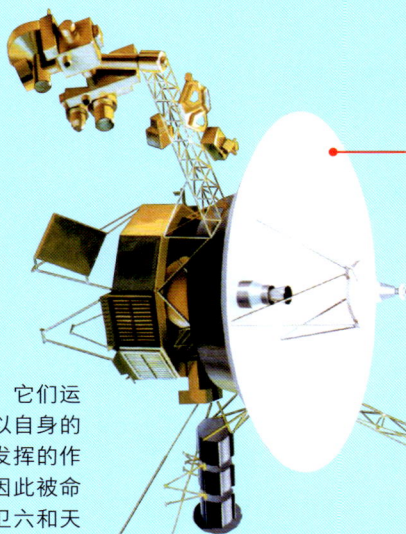

术语集 ◇地壳变动：在天体内部能量的作用下，地形发生的变化。

尘埃变成星子

星子互相撞击

原行星诞生了

3　尘埃层形成之后

尘埃层由于自身的引力不断聚集、撞击、碎裂，在圆盘中央面结成了无数的岩块，围绕着太阳旋转。这些岩块在引力的作用下相互吸积，逐渐变大，成为直径1—10千米大小的球状天体，也就是星子。

4　100,000—数千万年后

无数的星子不断碰撞、融合，于是在原行星盘内侧的从水星到火星的位置，诞生了数十个原行星。而在圆盘的外围，也形成了一些原行星，由于它们受到的太阳引力较小，获得的热量也不多，所以这些原行星吸取了许多的冰，体积越长越大。

气态行星、冰质行星的诞生

在原太阳系行星盘的外侧，由于来自太阳的热量不多，所以存在着很多的冰微粒。在这里形成的原行星由于受到太阳的影响不大，它们能吸收大量的气体和冰粒并不断长大，最终形成了以气体和冰为主体的行星。

5　数千万年后

岩质行星的诞生

形成于原太阳系行星盘内侧的原行星由于离太阳很近，就算有气体附着在它们表面，经太阳风一吹就会消散，所以无法长得很大。最终它们成为以岩石为主要成分的行星。

太阳系的结局

渡部博士小讲堂！

据科学家推测，太阳的寿命还有50多亿年。随着寿命的耗尽，太阳会越发膨胀，终于变成一颗红巨星。成为红巨星之后的太阳仍然不停地变大，原本包裹在太阳外围的气体逐渐消散。最终，不断膨大的太阳将吞噬距离它最近的水星和金星，而我们的地球也许会被太阳推出现在的轨道而幸免于难。然而，就算地球自己能死里逃生，地球上的生命也将荡然无存。因为数十亿年后，膨胀到一定程度的太阳会使地球上的海水全部蒸发，大气也将一点不剩。

面目全非的未来的地球

一旦太阳开始膨胀，地球将会变得和现在的火星一样，除了两极地区有水，其他地方将一片干涸。然后随着太阳越胀越大，地球上的海洋和大气将全部消失，最终我们的地球有可能被太阳完全吞噬。即使没有被太阳吞噬，地球上也不具备生命生存的条件了。

太阳将怎样结束
自己的一生？

主序星

从现在到50亿年后

46亿年前，在太阳系刚刚诞生后不久，太阳就开始进行核聚变反应，成为一颗主序星。这一状态还将持续约50亿年。

红巨星

50亿年以后

太阳开始膨胀，渐渐变成一个直径是现在的200倍以上，体积是现在的800万倍以上的巨型红色星球，也就是红巨星（第93页）。

行星状星云

此后，红巨星外围的气体将向外扩散，形成一个环形的行星状星云。最后，星云的气体终将散去，残留在中心的是一个和地球差不多大小的白矮星（第99页）。

水都蒸发掉了，还怎么活呢？

比酷暑还热？真不敢相信！

第二章

天文观测

Space observation

渡 部 博 士 小 讲 堂 ！

17世纪初，人类发明了望远镜，开始观测浩瀚的宇宙。意大利科学家伽利略·伽利雷（第57页）是最先使用望远镜的科学家之一，他用自制的望远镜对月球进行了详细的观测。在21世纪的今天，大型的天文望远镜遍布世界各地，人类甚至将望远镜发射到了太空中。不管是地球上还是太空中的望远镜，决定其性能的基本参数是口径。所谓口径，就是指物镜或反射镜的尺寸。一般来说，望远镜的口径越大，就越能观测到遥远的天体。本章我们就介绍一下活跃在天文观测前线的各式各样的望远镜吧。

哈勃空间望远镜　近红外　可见光　紫外线

基础数据

· 可观测紫外线、可见光和红外线。

· 1990年4月24日升空，同年投入使用。

· 预计可使用至2030—2040年。

哈勃镜头下的宇宙

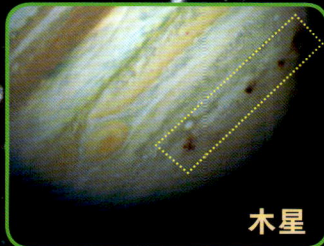

木星

1994年，舒梅克-列维9号彗星撞向木星（第55页）。哈勃的镜头为我们拍摄到了强烈的撞击在木星表面留下的印迹（左侧图片中褐色的部分）。

引力透镜效应

当星系密集地聚在一起时，巨大的引力会让空间看上去也发生了扭曲（注意左侧图片中纵向延伸的光）。这种现象证实了相对论*的预言，类似的例子在哈勃拍摄的照片中还能找到很多。

在地球外面观察宇宙

在地球上抬头仰望星空，我们经常可以看到不断"闪烁"的群星。然而实际上，这并不是群星发出的光芒发生了变化，而是包裹着地球的大气（第30页）正在抖动。因此要想在地球上进行准确的观测，其实并不容易。为此，科学家不禁设想：如果把望远镜送到大气层之外的宇宙空间中，就可以获得前所未有的观测效果！于是在1990年，空间望远镜中最闻名遐迩的代表——哈勃望远镜——升入太空。

哈勃极深场

这是哈勃望远镜拍摄的星系照片，这个星系早在宇宙诞生8亿年后就已经形成。对它进行的观测为我们揭示了星系成长的情形。

哈勃望远镜的历史

哈勃望远镜于1990年升空，1993年进行了第一次维修，在这次维修中装上了一台全新的相机之后，哈勃的性能得到了大幅度的提高。第二次维修是在1997年，哈勃又添置了许多新装备，这些装备可以让它观测到更广范围波长的光。

为哈勃望远镜进行维修的宇航员

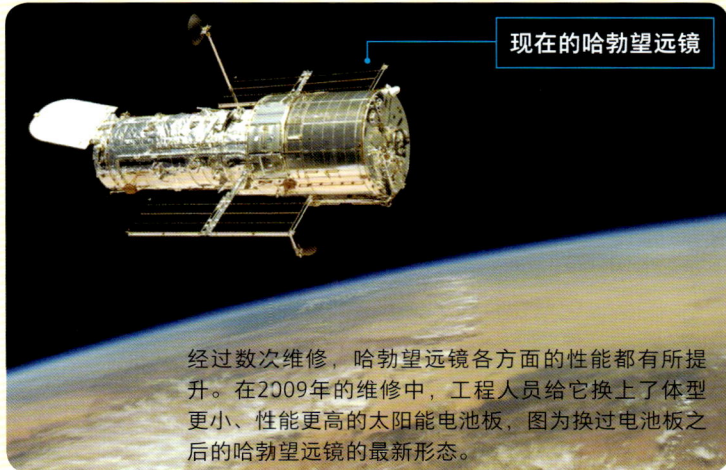

现在的哈勃望远镜

经过数次维修，哈勃望远镜各方面的性能都有所提升。在2009年的维修中，工程人员给它换上了体型更小、性能更高的太阳能电池板，图为换过电池板之后的哈勃望远镜的最新形态。

让我们一起来观测宇宙吧！

全家一起观测天文

你是否想更仔细地探索一番头顶的星空？那么准备一副双筒望远镜或天文望远镜吧。把手中的望远镜举向夜空，展现在你眼前的将是一片平常无法看到的更广阔的宇宙！挑一个晴朗的夜晚，去一个远离城市灯光的地方，等双眼适应黑暗之后，向天文观测发起挑战吧。美丽的群星正在等待着你的注目！

入门首选：双筒望远镜

一说起"天文观测"，恐怕很多人的第一反应是"天文望远镜"。其实，使用双筒望远镜也能欣赏到美丽的星空。通过双筒望远镜，我们能看到许多用肉眼无法看到的星星、月球上的环形山，以及疏散星团*。这种望远镜不仅携带方便、视野广阔，而且看到的画面也是正立着的（和我们用肉眼看到的方向相同）。这里向大家推荐物镜口径为40—50毫米、放大倍数为7倍至10倍的双筒望远镜。

双筒望远镜的使用方法

使用双筒望远镜观测天体时，保持视野的稳定是最重要的。观测时可将手肘紧贴身体，牢牢地握住镜筒。

手持双筒望远镜进行长时间观测时，可以将手肘放在台子或栏杆上，这样就能获得更加稳定的视野。

◇疏散星团：通常由几十个至1000个左右的恒星组成的结构松散的集团。

较亲民的折射式望远镜

如果想观测月球表面的地形或土星、木星等天体，那么推荐使用折射式望远镜。有彗星接近地球时还能观测到彗星的头部。值得推荐的物镜口径为60—80毫米。需要注意的是，和双筒望远镜不同，通过折射式望远镜看到的画面和实际是上下颠倒的。让我们调整寻星镜（附着在镜筒上的一个小望远镜），找到星星的位置之后赶快凑到目镜上看一看吧。

折射式望远镜的结构

折射式望远镜的前端装有一个物镜，来自天体的光线通过这面透镜聚拢汇集起来，射向目镜，被人眼接收。粗略地说，它的原理和放大镜聚集光线的原理类似。

更专业的反射式望远镜

如果想观测星云*（第112页）或星团*（第110页），则推荐使用反射式望远镜。口径为100—150毫米的反射式望远镜比较适合新手。不过，反射式望远镜使用起来比较难，比如它的目镜与天体呈90度夹角，要想熟练地操作需要经验的积累。此外还有一种折反式望远镜，兼备了折射式和反射式望远镜的优点，性能与价格都会更高一些。

反射式望远镜的结构

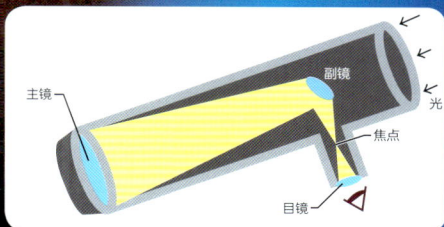

反射式望远镜粗大的镜筒末端有一面主镜。光线在主镜聚拢、反射，然后再经由一面更小的副镜的反射到达目镜，形成影像。昴星团望远镜（第86页）采用的就是这种结构。

随季节而转动的夜空
夜空的星座

春

5月20日20时前后的星空

从古代起，星空就是人类生活中很亲近的存在。人们把散布在夜空中的明星想象成各种有形的动物和神话人物，这就是星座的由来。北半球的群星以北极星为中心，自东向西，随着时间的推移而旋转。地球的自转使它们每小时旋转15°；公转使它们每天移动约1°，一年完成一周的旋转。这一节，就让我们来看一下随着季节而变换的夜空的不同表情吧。

画重点！

春季夜空中最瞩目的星座当数偏北方向的北斗七星。北斗七星就像是一把勺子，由7颗亮度为2等或3等的星星连成，是大熊座的一部分。面朝北方，向前平视，在视线上方三个拳头的高度，就能找到一年中位置几乎不变的小熊座的北极星。

★ 星 等* ★
- ● 1等星
- ● 2等星
- • 3等星
- · 4等星
- · 5等星
- ◎ 变光星

★ 记 号 ★
- 星 系
- 弥漫星云
- 疏散星团
- 球状星团

星图标注：北、东、西、南、（北纬45度地平线）、（北纬35度地平线）、（北纬25度地平线）、蝎虎座、仙女座、天鹅座、仙王座、仙后座、英仙座、大陵五、狐狸座、天琴座、织女一（织女星）、天龙座、鹿豹座、勾陈一（北极星）、五车二、御夫座、金牛座、小熊座、大熊座、天猫座、双子座、猎户座、北斗七星、北斗六（开阳）、北河二、北河三、参宿四、武仙座、牧夫座、北冕座、常陈一、猎犬座、后发座、小狮座、巨蟹座、鬼星团、南河三、小犬座、冬季大三角、巨蛇座（头）、大角星、五帝座一、狮子座、轩辕十四、狮子座镰刀、麒麟座、天狼星、大犬座、蛇夫座、天赤道、室女座、六分仪座、长蛇座、天秤座、黄道、角宿一、巨爵座、星宿一、罗盘座、船尾座、天蝎座、心宿二、乌鸦座、豺狼座、半人马座、唧筒座、船帆座、ω星团、南十字座、十字架三、马腹一、十字架二、南门二、春季大曲线

★流星雨大追踪！
宝瓶座 η 流星雨
主要出现在清晨东边的天空，每年将在5月6日前后达到顶峰。宝瓶座η流星雨的流星数量虽然不算多，但仍然很具有观赏性。此外，这个流星雨也是南半球全年能见到最大的流星雨。利用5月的假期，去南半球看看盛大的流星雨或许也是不错的选择。这时的银河也已经很绚丽了。

★天空中的标志！
春季大曲线
首先在夜空的北方找到北斗七星，然后沿着北斗七星的"勺柄"的弧线向南延伸，就能发现牧夫座的大角星，再往南就是室女座的角宿一。这条大弧线就是春季夜空中的标志——春季大曲线。另外，狮子座的轩辕十四也是一颗明亮的1等星，在春季的夜空中非常醒目。

术语集 ◇星等：表示天体明亮程度的等级。

英仙座流星雨

夜深之后，英仙座升上了北边的天空。以此处为辐射点*（第71页）的英仙座流星雨会在每年8月13日前后达到高峰。由于流星数量多，英仙座流星雨荣列三大流星雨之一。

画重点！

进入夏季，天气会持续放晴，此时正是观测星座的绝佳时机。如果夜空够暗，就能看到银河横穿夏季大三角的壮丽景象。此外，每年8月的第一周，日本各地都会举办观测星空的科普体验活动。趁着暑假，仰望一下星空也是不错的活动啊。

星图各部分标注：
北（北纬45度地平线）
五车二　御夫座
（北纬35度地平线）
大陵五　英仙座　（北纬25度地平线）　天猫座
三角座　仙王座　勾陈一（北极星）　鹿豹座
仙女座星系　小熊座　大熊座　小狮座
仙女座　仙后座　北斗七星　狮子座
秋季四边形　蝎虎座　天鹅座　北斗六（开阳）　猎犬座
东　天津四　天龙座　常陈一　后发座　五帝座一　西
双鱼座　飞马座　天琴座（织女星）织女一　武仙座　北冕座　牧夫座　室女座
海豚座　狐狸座　鹜道增七　夏季大三角　大角星　春季大弯线
宝瓶座　天箭座　河鼓二（牛郎星）天赤道　巨蛇座（头）　角宿一
小马座　天鹰座　巨蛇座（尾）　蛇夫座　天秤座　长蛇座
南鱼座　盾牌座　黄道　天坛座　半人马座
北落师门　摩羯座　人马座　南斗六星　天蝎座　心宿二　豺狼座
天鹤座　显微镜座　南冕座　（北纬45度地平线）
印第安座　望远镜座　矩尺座
孔雀座　南　（北纬35度地平线）（北纬25度地平线）

★天空中的标志！

夏季大三角

夏天往天顶附近望去，一定能看到三颗特别明亮的星星。它们是天琴座的织女星、天鹰座的牛郎星和天鹅座的天津四。这三颗明亮的星星组成了一个大大的三角形，这就是夏季夜空中的标志——夏季大三角。

寻找星座的方法

天球：夜空看上去就像是一个以天顶为顶点的半球，所以也叫天球。
星图：在第82页至第85页展示的星图，是一种用来表现星座之间相对位置的示意图。一般来说，星图展现的是面向南方抬头时看到的夜空。

夏天能看到好多星座呢！

8月20日20时前后的星空

夏

术语集　◇辐射点：流星雨看起来都是从天空中的一点呈放射状发射出来的，这个点就是辐射点。

秋

11月20日20时前后的星空

夜空的星座

北（北纬45度地平线）

北斗七星　北斗六（开阳）　牧夫座　（北纬35度地平线）

天猫座　大熊座　小熊座　北冕座

天龙座　武仙座

御夫座　鹿豹座　仙王座　天琴座　织女一（织女星）

双子座　五车二　英仙座　仙后座　天鹅座　天津四　夏季大三角

北河三　北河二　天鹅座　蝎虎座　辇道增七　蛇夫座

大陵五　仙女座　仙女座星系　狐狸座

猎户座　毕宿五　三角座　海豚座　天箭座　天鹰座

参宿四　昴星团　白羊座　秋季四边形　飞马座　河鼓二（牛郎星）巨蛇座（尾）

东　毕星团　金牛座　双鱼座　盾牌座　西

猎户大星云　含室增二　摩羯座

参宿七　波江座　天赤道　宝瓶座　人马座

天兔座　鲸鱼座　

天炉座　玉夫座　北落师门　双鱼座　显微镜座

时钟座　凤凰座　天鹤座　印第安座

水委一　杜鹃座

南

★天空中的标志！
秋季四边形
在秋季的夜晚抬头望向天顶，一个由4颗星星组成的略歪的四边形映入眼帘，这就是秋季四边形，也是飞马座的一部分。驰骋在天空中的飞马座可谓秋季的代表星座，位于飞马座的秋季四边形也叫飞马座四边形。

画重点！
进入秋季后，夜空仿佛也染上了秋天沉静的氛围，变得低调了许多。此时，主宰夜空的是飞马座、英仙座、仙女座等颇具神话色彩的星座，为秋季的星空增添了一抹浪漫的格调。

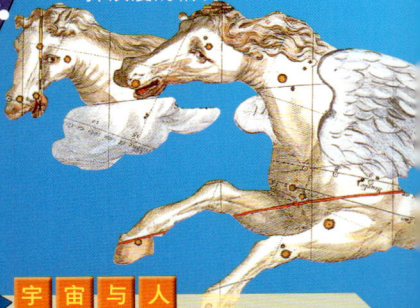

宇宙与人
● 星座诞生史话 ●
夜空中的星星连成了各种各样的形状，人们称之为星座。早在古埃及的遗迹上就刻有星座，这是星座最早的史料。我们所熟知的大多数星座诞生于数千年前的两河流域，后经古希腊人发展完善，于公元2世纪左右由天文学家托勒密汇总并编制了48个星座。此后，又有更多的星座被编制出来，现在正式通用的星座有88个。

刻有星座的数千年前的石碑。

★流星雨大追踪！
金牛座流星雨
金牛座流星雨的时间跨度很长，能达到1个半月之久。届时将有许多明亮的流星缓慢地掠过天际，这是它最大的特色。11月上旬，金牛座流星雨进入极盛时期。

10月天龙座流星雨与狮子座流星雨
这两个流星雨每年的大小都不固定，有的年份非常壮观，有的年份基本观测不到流星。天龙座流星雨的高峰日在10月9日前后，狮子座流星雨为11月18日前后。

猎户座流星雨
猎户座流星雨从猎户的右臂附近辐射开来，以较暗的流星居多，但偶尔也会出现很亮的流星。10月21日前后，猎户座流星雨将达到高峰。

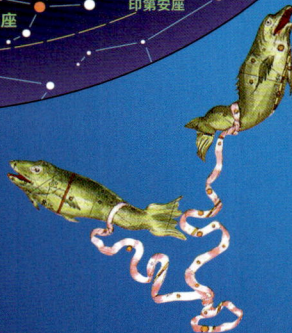

冬季大三角与
冬季六边形

首先，在冬季的夜空中找到沙漏形的猎户座，然后在猎户座的左上方找到参宿四（第98页），以参宿四为顶点，连接起东边的南河三和南边的天狼星，就构成了冬季天空的标志——冬季大三角。另外，连接参宿七、南河三、天狼星、双子座的北河三、御夫座的五车二和金牛座的毕宿五，就可以得到全部由1等星构成的冬季六边形。

双子座流星雨

要想在一个夜晚观察到数量最多的流星，那么双子座流星雨就是首选。双子座流星雨每年于12月14日前后达到顶峰，最多的时候一个小时可以看到约100颗流星。

象限仪座流星雨

每年1月4日前后达到顶峰。由于该流星雨的流星往往集中在短时间内出现，所以能否看到就要看当年的运气了。象限仪座流星雨和夏季的英仙座流星雨、冬季的双子座流星雨并称北半球三大流星雨。

画重点！

冬季是一年中空气最澄澈的季节，此时的夜空就像一个装满宝石的箱子，璀璨的星光美得令人窒息。尽管室外很冷，但对于星座观察者来说，冬季仍然不愧为最令人兴奋的观察季节。

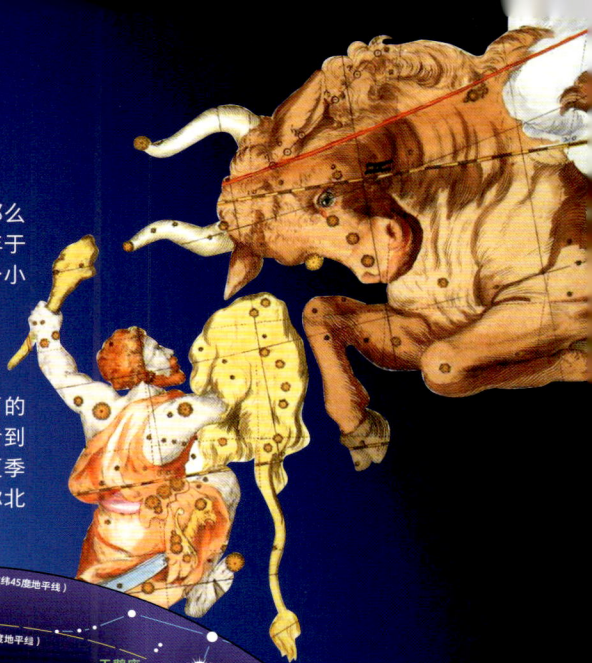

北

（北纬45度地平线）
（北纬35度地平线）
（北纬25度地平线）

武仙座
天龙座
天鹅座
天津四
牧夫座
小熊座
仙王座
蝎虎座
北斗六（开阳）
勾陈一（北极星）
仙后座
北斗七星
猎犬座
鹿豹座
仙女座
常陈一
大熊座
仙女座星系
秋季四边形
后发座
小狮座
大陵五
三角座
室女座
天猫座
御夫座
五车二
英仙座
飞马座
五帝一
狮子座
巨蟹座
双子座
冬季六边形
昴星团
白羊座
东
狮子座镰刀
北河二
双鱼座
西
轩辕十四
北河三
黄道
金牛座
六分仪座
鬼星团
毕星团
毕宿五
巨爵座
小犬座
猎户座
鲸鱼座
星宿一
南河三
天赤道
参宿四
土司空二
长蛇座
麒麟座
冬季大三角
猎户大星云
参宿七
波江座
玉夫座
唧筒座
罗盘座
天兔座
天炉座
船尾座
天鸽座
雕具座
船帆座
老人星
绘架座
剑鱼座
时钟座
（北纬35度地平线）
网罟座
（北纬25度地平线）
船底座

南

2月20日20时前后的星空

冬

昴星团望远镜

昴星团望远镜

昴星团望远镜 近红外 可见光

基础数据

· 可观测可见光、近红外线。

· 1999年投入使用。

隶属于日本国立天文台的大型望远镜。口径达8.2米，属世界最大级别。同时还装配有高性能的传感器和照相机等设备。

这些天文台都在发射激光！

太帅了！

渡部博士小讲堂！

早在20世纪初，科学家就开始建造拥有大口径镜面的反射式望远镜了。这是因为折射式望远镜受工艺所限，口径到了1米左右就是极限了，而反射式望远镜则比折射式望远镜更容易造出更大的口径。日本国立天文台在夏威夷冒纳凯阿山上建设的昴星团望远镜就是一座反射式望远镜，它的口径达8.2米。其实最近建造的大型望远镜无一例外全部是反射式望远镜（第81页）。和太空中的哈勃望远镜（口径2.4米）相比，昴星团望远镜的视野更宽广，这是它最主要的特长。

主焦点（副镜）

主镜

昴星团望远镜内部

昴星团望远镜的主镜是一面口径达8.2米的巨大单块镜面，属世界最大级。天体发出的光经由主镜反射之后，在主焦点（副镜）上成像，随后又会进入好几种不同的观测设备。昴星团望远镜不仅能观测到人眼也能看到的可见光，还能观测到波长更长的近红外线。

射向夜空中的激光

自适应光学系统

抬头望向夜空，我们可以看到漫天的繁星仿佛在向我们眨着眼睛。星星之所以会闪烁，是因为地球的大气正在晃动，因此，想要在地面上进行精确的观测并非易事。不过，昴星团望远镜上配有先进的自适应光学系统，这个系统能发出激光，在天幕中模拟一颗星星，以这颗人造星星为依据进行调整之后，就能修正大气扰动带来的误差。

仙女座星系

这是两张仙女座星系（第122页）的局部照片，左图由昴星团望远镜拍摄，右图由哈勃望远镜拍摄。可见在自适应光学系统的帮助下，地面望远镜甚至可以得到比空间望远镜还要清晰的图像。

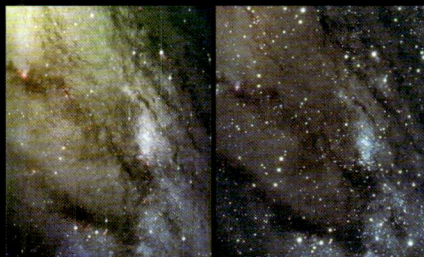

昴星团望远镜

凯克天文台

美国的大型望远镜，由两台10米口径的望远镜组成。

为什么望远镜要建造在海拔很高的地方？

夏威夷的冒纳凯阿山海拔4205米，远离都市，空气干燥，山上晴天居多。这些得天独厚的条件，使得冒纳凯阿山山顶成为世界上最适合进行天文观测的场所之一。这里聚集了来自世界各国的13个天文台，它们一齐将镜头对准了夜空。

VLT 可见光

甚大望远镜（VLT）是欧洲南方天文台建设在智利北部阿塔卡马沙漠的望远镜，位于海拔2635米的帕拉纳尔山山顶。它由4台口径8.2米的望远镜共同组成。

LBT 近红外 可见光

美国的LBT大型双筒望远镜位于亚利桑那州海拔3260米的格雷厄姆山山顶。它由两台口径8.4米的望远镜组成。在近红外线波段，它捕捉的画面比哈勃望远镜要清晰10倍。

射电望远镜的新星

ALMA （阿塔卡马大型毫米波/
亚毫米波阵列）

伫立在沙漠中的天线阵列

在海拔5000米高的智利阿塔卡马沙漠，66座抛物面天线组成了一个阵列，这就是由日本、美国和欧洲诸国共同建设的ALMA，于2011年开始试运行。阿塔卡马沙漠的环境十分适合观测来自宇宙的无线电波，在这里，射电望远镜ALMA将为我们探索宇宙诞生之初的恒星与星系。

渡部博士小讲堂！

如果我们想收看地面电视或卫星电视的节目，就需要用天线来接收电视台发出的无线电波。其实，在浩瀚的宇宙中，构成天体的气体和尘埃也会发出无线电波，天文学家称之为射电波。而射电望远镜其实就是一个巨大的天线，可以捕捉到这些射电波，从而为我们描绘出这些天体的轮廓。当然，这个轮廓与可见光呈现出来的轮廓是完全不同的。下面我们就来看看这些神通广大的射电望远镜吧。

射电波呈现的宇宙

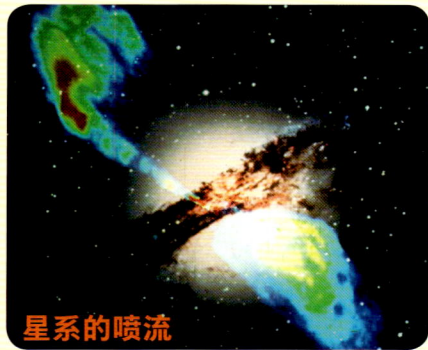

星系的喷流

上图是将可见光波段和射电波段的图像叠加得到的半人马座A星系的图像。图中这个星系喷出了比自身还要庞大的宇宙喷流（第103页），是名副其实的射电星系＊（第127页）。观测射电波能帮助我们了解这类星系。

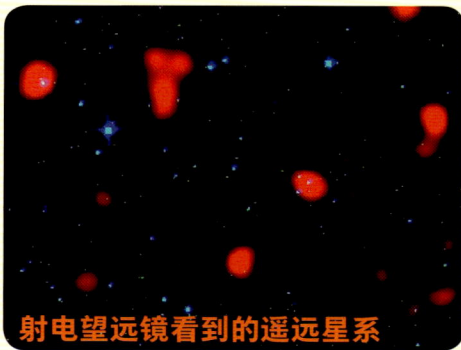

射电望远镜看到的遥远星系

这也是射电望远镜为我们捕捉到的影像。图中红色的斑点都是一个个星系，这些星系处于宇宙诞生初期，恒星的形成速度比一般的星系快了数百上千倍。

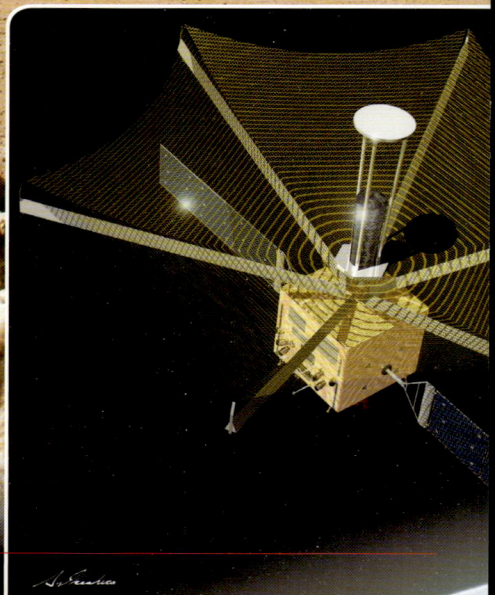

术语集 ◇射电星系：发出强烈射电波的星系。

ALMA眼中的星系

这是两张触须星系*（第125页）的照片。右边的一张由ALMA拍摄，上面红色和黄色的部分代表星际气体，恒星就在这些气体密度较大的地方诞生。把这张照片与哈勃空间望远镜（第78页）用可见光拍摄到的照片合成在一起就是左边的那张图片，图中的蓝色星星与星际气体全景展现在了我们面前。

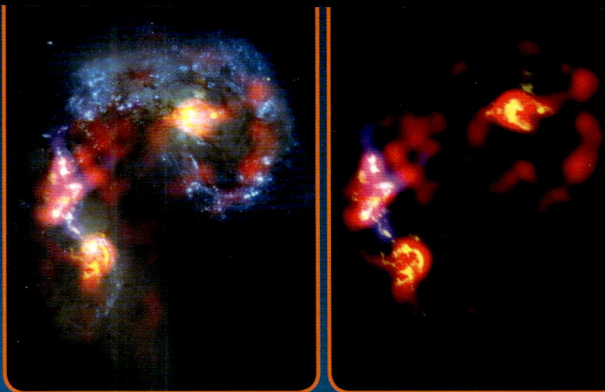

ALMA　射电波

基础数据

· 观测射电波。

· 2013年开始使用。

整个阵列的直径长达18.5千米。所有设施联动之后，在功能上相当于一台巨大的射电望远镜。

HALCA　射电波

哈尔卡实验室（HALCA）是由JAXA研发的空间射电望远镜，于1997年发射升空。HALCA与地面上的望远镜协同工作，可使整个系统实现30,000千米的超大口径。该系统为宇宙喷流观测作了许多贡献。

SPT　射电波

SPT南极点望远镜是一台由北美的科研机构建在南极点的10米口径的射电望远镜。射电波观测的有利条件和可见光差不多，大气越稀薄、温度越低，越利于观测。因此，高山、南极和宇宙都是绝佳的观测场所。

术语集　◇触须星系：其实是两个融撞在一起的星系，有两条臂状结构，仿佛昆虫的触须。

斯皮策空间望远镜

渡部博士小讲堂！

光有各种各样的波长。20世纪60年代，科学家在猎户大星云（第112页）中发现了一种特殊的天体，这种天体只能通过红外线才能观测到。宇宙中的红外线一般是由温度较低的天体发出的，因此在天文观测中，红外线主要用于观察恒星的诞生，这些刚刚诞生的恒星往往隐藏在星云之中。由于我们在地面上只能观测到宇宙红外线中的一部分，大部分则被地球的大气吸收走了，因此想要进行真正的红外线观测，就需要用到空间望远镜。NASA的斯皮策空间望远镜就是其中杰出的代表。

海蛾鱼星云

这是斯皮策空间望远镜观测到的一个恒星形成区*。看上去像眼珠一样的特别明亮的星星，就是恒星的雏形。

望远镜的协同合作

右图为斯皮策空间望远镜、光亮号空间望远镜和昴星团望远镜（第86页）相互配合，共同捕捉到的系外行星*（第114页）诞生时的情景。在恒星HD165014的周围，由气体和尘埃构成的圆盘发射出强烈的红外线，并被这三台望远镜捕捉到。面对茫茫宇宙，各种望远镜齐心协力，共同向未知的领域发起挑战。

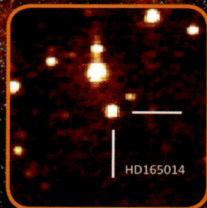

HD165014

光亮号空间望远镜

光亮号空间望远镜（ASTRO-F）是由JAXA发射的一颗红外天文卫星。它可以观测到波长范围很广的红外线，帮我们发现年老的恒星，以及被恒星的光芒加热的气体与尘埃。

展现宇宙的大尺度结构

2微米全天巡视

天体距离地球越远，到达地球的光的波长则越长。我们可以利用这一原理估算出天体到地球的距离。在2微米全天巡视计划中，多台地面红外线望远镜协同合作，将宇宙的大尺度结构*展现在我们面前。

远红外　近红外

■■■ 基础数据

· 观测红外线。
· 2006年投入使用。
· 2011年11月24日停止使用。

术语集　◇恒星形成区：聚集着气体和尘埃，恒星不断形成的场所。　◇系外行星：在太阳系之外，围绕着其他恒星公转的行星。
◇宇宙大尺度结构：从最大的尺度来看，宇宙中的星系是呈泡沫状分布的。

斯皮策空间望远镜

`远红外` `近红外`

基础数据

· 观测红外线。

· 2003年8月25日升空，并于同年投入使用。2009年，由于耗尽了用于冷却的液氦，观测性能已不如以往。2020年1月30日结束使命。

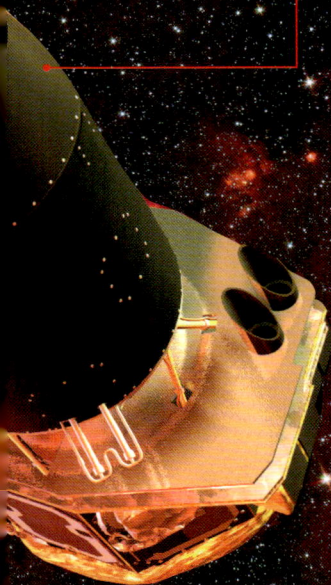

麒麟座

这是WISE拍摄到的麒麟座Sh2-284星云。星云的中央有一颗质量很大的年轻恒星，这颗恒星把它附近的星际分子云*往外吹走了。

WISE

广域红外巡天探测者（WISE）是NASA在2009年发射的一台红外线望远镜，可观测质量很小的褐矮星*等只能用红外线才能观测到的天体。

宇宙中的洞

以前科学家认为猎户座的NGC 1999中的黑色区域是一团暗星云*（第113页），后来赫歇尔望远镜发现，这一区域里空无一物。

赫歇尔空间天文台

ESA发射的空间望远镜，口径3.5米，擅长观测远红外线。

基础数据

· 观测红外线。

· 2009年5月14日升空。

`射电波` `远红外`

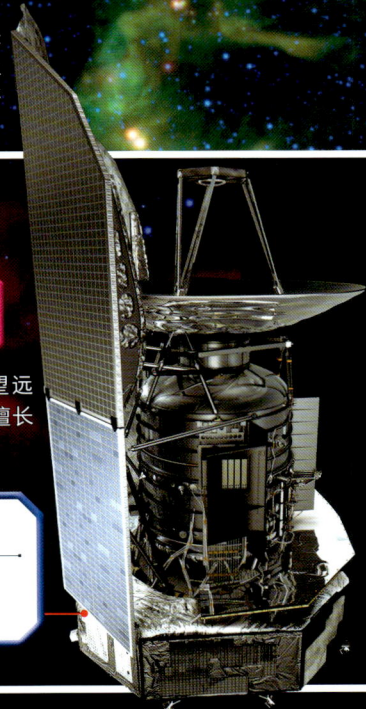

星表

相比可见光，红外线的穿透性更强，能通过物体的内部，所以利用红外线可以观测到可见光看不到的地方。光亮号空间望远镜能以红外线观测到天空中96%以上的区域，以及约130万个天体，并依据观测结果制作出星表。

小行星星表

利用红外线，人类可以捕捉到借助可见光难以观测到的小行星*的身影。光亮号空间望远镜一共观测到了5120个小行星，并考察了这些小行星的大小和表面性质，为小行星星表的制作提供了宝贵数据。

小行星带（第53页）

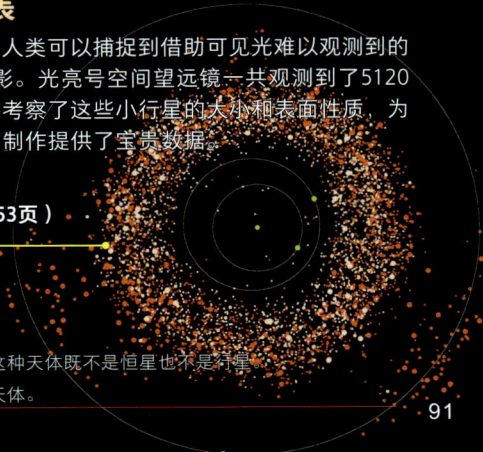

X射线望远镜

钱德拉X射线天文台 X射线

◧ 基础数据

· 观测X射线。

· 1999年投入使用。

· 由NASA发射的X射线望远镜，拥有极高的分辨率，能进行非常精确的观测。

渡部博士小讲堂！

X射线是我们在医院接受检查时也会用到的一种射线。早先，美国发射的探空火箭意外地在宇宙中发现了强烈的X射线。于是从20世纪70年代起，人们开始正式使用空间望远镜对宇宙中的X射线进行观测。到目前为止，可以确认黑洞※（第106页）、活动星系核※、超新星遗迹※（第104页）等天体都会发射出X射线。由于X射线会被大气吸收，在地面无法观测，所以必须用到空间望远镜。

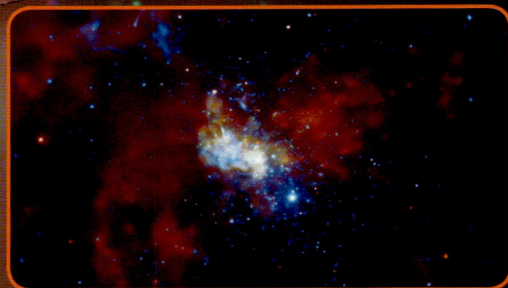

人马座A*

科学家认为人马座A*是位于银河系中心一个超大质量黑洞。根据钱德拉空间望远镜的观测，在极其靠近这个超大质量黑洞的地方，仍有新的恒星正在形成。

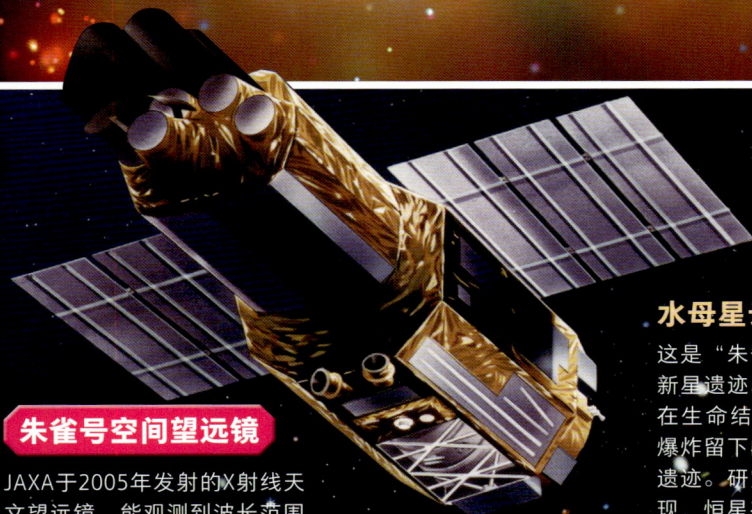

朱雀号空间望远镜

JAXA于2005年发射的X射线天文望远镜，能观测到波长范围很广的X射线。

水母星云

这是"朱雀号"拍摄到的超新星遗迹。质量较大的恒星在生命结束时会发生爆炸，爆炸留下的残骸就是超新星遗迹。研究人员经分析后发现，恒星在爆炸的当时，将周围的温度加热到约1亿℃。

术语集 ◇黑洞：引力非常大的天体，大到物质和光都无法逃脱。 ◇活动星系核：极为明亮的星系的核心。 ◇超新星遗迹：超新星爆发后残留下的星云状天体。

探寻神秘现象

伽马射线望远镜

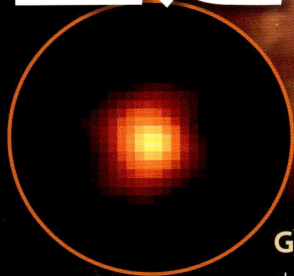

渡部博士小讲堂!

20世纪60年代，为了监测地球上的核试验而发射的观测卫星，无意中接收到了来自地球以外的宇宙空间的强烈伽马射线。伽马射线的波长比X射线还短，也是一种会被大气吸收的放射线，所以观测伽马射线也需要用到空间望远镜。伽马射线暴*是指伽马射线突然从宇宙中的某一点射来，持续几十秒之后又消失的现象，这种现象被认为和超大质量恒星的爆炸有关。然而，关于它是从哪里产生，又是怎样产生的，科学家还没有得出明确的答案。

GRB 090429B

由雨燕天文台在2009年观测到的伽马射线暴。发生在距离地球131.4亿光年*的地方。

雨燕天文台

可见光　紫外线
X射线　γ射线

基础数据

· 用于观测伽马射线暴的天文卫星。
· 2004年11月20日升空，并于同年投入使用。
  伽马射线暴最长不过几十秒，是一种持续时间非常短的现象。当雨燕天文台检测到伽马射线暴时，会自动开启程序，立即进行观测。

中微子和引力波的观测

工作人员

超级神冈中微子探测器

超新星爆发时会喷射出很多中微子*。建在日本岐阜县神冈矿山地下的这个探测设施可以帮我们探测到这种微小的粒子，从而研究恒星爆炸的机制。

引力波

超新星爆发或大质量的恒星发生合并时，空间会产生弯曲，这种弯曲以波的形式向外传播，这就是引力波。2015年，美国的激光干涉引力波观测台（LIGO）首次探测到了引力波。

神冈引力波探测器

正在建设中的神冈引力波探测器位于神冈矿山的地下，建成后将长达3千米，有望成为日本第一个探测到引力波的设施。

术语集
◇伽马射线暴：强烈的伽马射线在极短的时间内剧烈爆发的现象。　◇光年：天文学中的距离单位，表示光在真空中传播1年所经过的距离，约94,600亿千米。
◇中微子：物理学上将构成物质的最小单位称为基本粒子，中微子就是一种基本粒子。

新一代望远镜

渡部博士小讲堂！

在过去的时代，世界各国的研究机构互相竞争，各自建设了许多大型的望远镜。而现在，越来越多的国家都开始选择国际协作的方式，各种国际性的超大型望远镜正在计划当中。这些新型望远镜建成之后，一定能将宇宙研究推向新的高度。这些望远镜都长什么样呢？让我们来先睹为快吧。

SKA 射电波

平方千米阵列

这是一个在澳大利亚和南非建设数千台天线的射电望远镜阵列项目。这一项目有10多个机构参与，总投资20亿美元，预计将在2030年投入使用。届时，SKA或许可以帮我们解开宇宙的起源和暗能量*（第140页）之谜。

术语集 ◇暗能量：充满宇宙空间的一种能量，驱使宇宙加速膨胀。

TMT 近红外 可见光
30米望远镜

在美国夏威夷的冒纳凯阿山（第87页），一台由世界各国共同参与的新型望远镜正在建设之中。正如其名字所示，30米望远镜的口径长达30米，聚光能力将达到过去望远镜的10倍以上，能观测可见光与红外线。TMT预计在2027年正式启用，届时有望帮助我们发现至今尚未观测到的系外行星（第114页），以及原星系等各种天体。

ELT 近红外 可见光
极大望远镜

欧洲南方天文台计划在智利建造一台口径39.3米的望远镜。ELT预计将在2025年建成，建成后将成为世界上最大的光学望远镜*。

这是大家齐心协力才能实现的工程啊！

宇宙是全人类的梦想！

GMT 近红外 可见光
巨麦哲伦望远镜

主镜由7块8.4米口径的镜片拼接而成，性能相当于一面24.5米口径的巨型镜面。此外，它还拥有好几个激光导星装置。目前，GMT已经在智利开工建设，计划于2025年投入使用。建成后，它还将和詹姆斯·韦伯空间望远镜相互配合，对天体进行观测。

JWST 近红外 可见光
詹姆斯·韦伯空间望远镜

NASA正在建造的空间望远镜，建成后有望接替哈勃空间望远镜，成为宇宙观测的主力望远镜。在设计上，主镜口径为6.5米，可以同时观测红外线。NASA期待它在发射升空后成为领先世界10年的最高水平的天文观测卫星。

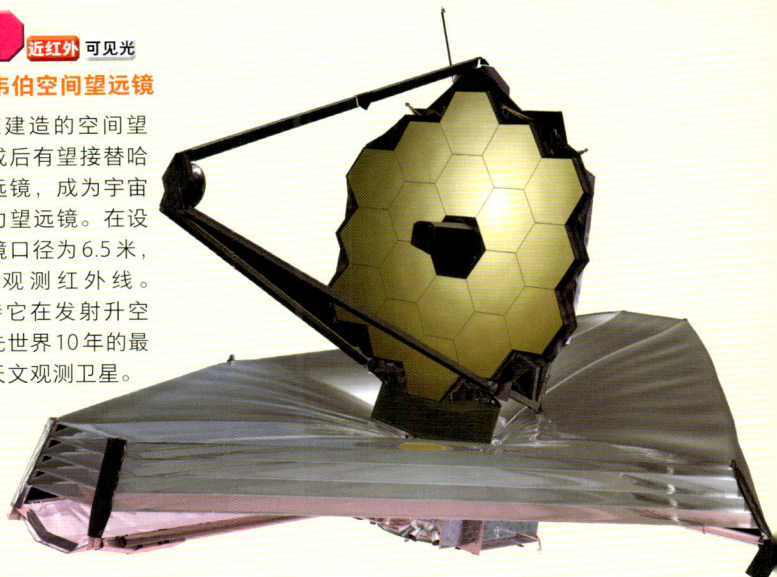

SPICA 远红外 近红外
宇宙学和天体物理空间红外望远镜

日本正在研发的新型红外线空间望远镜，预计于2032年发射升空。它将拥有3米口径的主镜，对星系的诞生、行星的形成等谜团发起挑战。SPICA可以在距地球150万千米的宇宙空间中拍摄照片，让我们期待它的新发现吧。

术语集　◇光学望远镜：通过组合镜片，将光聚集起来加以观察的望远镜，与普通的天文望远镜构造相同。

第三章

恒　星

Star

渡部博士小讲堂！

仅凭肉眼观测，我们就能在夜空中看到6000多颗星星。这些星星和地球这样的行星不同，它们都能自己发光，是太阳的同类——恒星。恒星从诞生到死亡需要经历漫长的岁月。不过，银河系中有1000多亿颗恒星，我们只要对它们进行分类和比较，就能完整地看到恒星从诞生到死亡的整个动态的生命过程。

人马座的恒星云

夏末秋初，往南方的天空望去，整条银河中最宽，颜色最亮之处就是人马座附近的恒星云。这里是银河中最明亮，星星最密集的区域。将望远镜对准这个恒星云，可以看到各种亮度和颜色的星星。银河正是由无数这样的星星汇聚而成的。

测量星际距离

周年视差

当地球围绕太阳公转，位置发生移动的时候，天空中天体的位置也在不断地发生变化。由于地球和太阳的距离是已知的，所以只要在不同时期测量出天体在天空中发生的位置变化（视差），就能算出该天体到我们的距离。天体越遥远，视差越小。这和我们从汽车、火车里看车窗外的风景是同一个道理，相比远处的风景，近处的风景会更快地从我们眼前掠过。

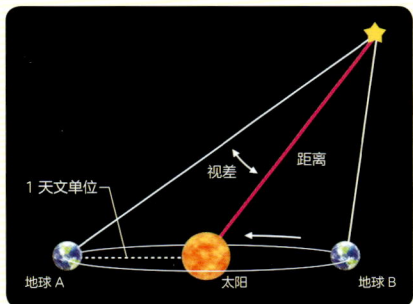

1 天文单位　视差　距离

地球 A　太阳　地球 B

恒星真正的亮度

绝对星等

夜空中的星星有明有暗，亮度各不相同。人们用星等的概念来表示恒星的亮度，相邻星等之间的亮度差为 2.5 倍左右。然而星体的真正亮度并不完全如人眼所见，同样亮度的星体，距地球越近，看起来越亮。因此，为了客观地比较星体真正的亮度，我们需要把它们放在距离相同的情况下进行比较，这就是星体的绝对星等。

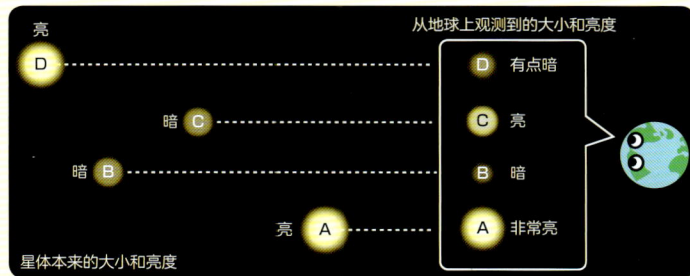

亮　　　　　　　　　　　　从地球上观测到的大小和亮度

D　　　　　　　　　　　　　D　有点暗

暗 C　　　　　　　　　　　C　亮

暗 B　　　　　　　　　　　B　暗

亮 A　　　　　　　　　　　A　非常亮

星体本来的大小和亮度

太阳系附近天体和我们的距离

从太阳到 1 光年以外的奥尔特云*（第73页），就是我们在上一章介绍的太阳系的范围。再向更远的地方，终于出现了距离我们最近的恒星，这就是闪耀在南半球夜空的半人马座 α 星的伴星*——比邻星，距离我们约4.2光年。

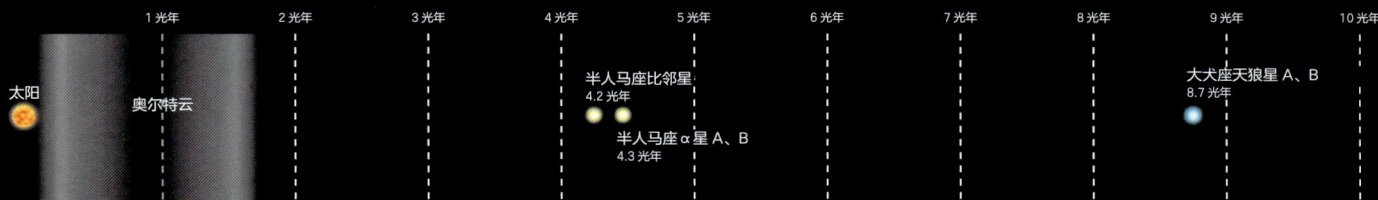

| 1 光年 | 2 光年 | 3 光年 | 4 光年 | 5 光年 | 6 光年 | 7 光年 | 8 光年 | 9 光年 | 10 光年 |

太阳

奥尔特云

半人马座比邻星
4.2 光年

半人马座 α 星 A、B
4.3 光年

大犬座天狼星 A、B
8.7 光年

多姿多彩的恒星

恒星的种类

渡部博士小讲堂！

银河系内有1000多亿颗恒星，它们的形态可谓多姿多彩。虽说都是太阳的同类，但不同的恒星之间差异极大。让我们先从颜色和大小入手，看看恒星根据颜色和大小的不同，能分成哪些不同的类别，然后再来思考：这些恒星的性质是如何决定的呢？在对大量的恒星进行比较分析之后，我们一定能发现恒星分类的潜在法则。

红超巨星 参宿四

质量比太阳大得多，并且已经步入晚年的超巨大恒星叫作红超巨星。在猎户座右肩煌煌闪耀的1等星——参宿四，就是一颗红超巨星，正在走向生命的终点。目前它的质量是太阳的20倍，并处于十分不稳定的状态，科学家认为它在不久的将来会发生超新星爆发（第104页）。

体积比太阳大1000倍的恒星

太阳的直径有地球的109倍，可以说是一个非常大的天体了。但是，宇宙中仍然存在着比太阳还要大得多的恒星，它们就是直径为太阳的几十倍至1000多倍，亮度为太阳的几千倍至1万倍的超巨星。其中，位于猎户座的参宿四的直径达到了太阳的1000倍，如果把它放在太阳系中，那么这个直径已经可以把木星的轨道都吞噬掉了。

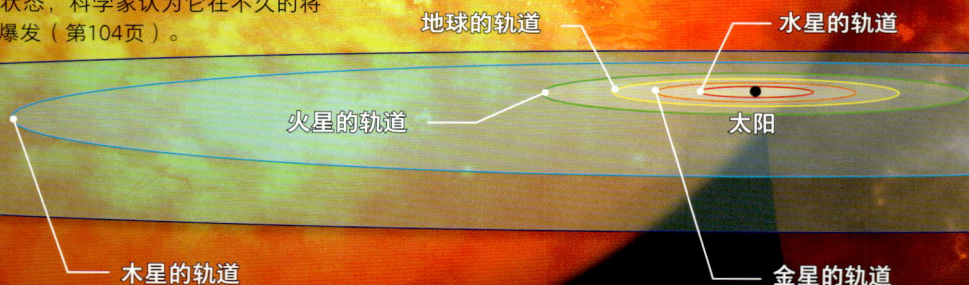

地球的轨道　　　水星的轨道

火星的轨道　　　太阳

木星的轨道

金星的轨道

关于比例的说明

这张图展示了同一比例下的太阳、主要行星的轨道以及各类恒星（背景中的图片）的大小。宇宙中比太阳大的恒星其实是有不少的。

红巨星 毕宿五

当恒星进化到一定程度之后，其体积膨胀变大，表面的温度则会降低，发出红色的光芒，这就是红巨星。金牛座的1等星毕宿五就是一颗红巨星，它的直径约为太阳的40倍，在冬季的夜空中十分耀眼。

蓝超巨星 天津四

夏季大三角之一的天津四是一颗蓝超巨星，比太阳亮50,000多倍。即使和我们相距甚远，足足有1000光年以上的距离，它仍旧是夜空中的1等星，发出明亮的光芒。

较小天体的大小

除了像超巨星这样巨大的恒星，宇宙中还存在着一些比太阳小很多的天体，它们的大小可以和太阳系的行星作比较。这些天体有的是因为质量过小而无法成为真正的恒星，有的是恒星在生命结束之后留下的遗物。

地球

木星

褐矮星 格利泽229B

宇宙中的天体并不是每一个都像太阳一样会发光，格利泽229B就是其中一个例子。它的质量只有太阳的4%，又小又暗，因质量不够而无法发生核聚变反应。科学家将这样的天体称为褐矮星。

白矮星 天狼星B

质量与太阳相似的恒星，在经过了红巨星的阶段之后，外侧的气体会逐渐消失，只剩下中心的内核，成为一颗白矮星。白矮星的大小和地球差不多，密度却非常大。在冬季夜空非常醒目的天狼星旁，有一颗伴星天狼星B也在一起绕转，这颗星就是白矮星。

中子星

比太阳重8倍以上的恒星，会以一场大爆炸结束自己的生命。在大爆炸的中心留下的是中子星（第107页），它的质量和太阳差不多，直径却只有10千米左右，是一种密度极大的天体。

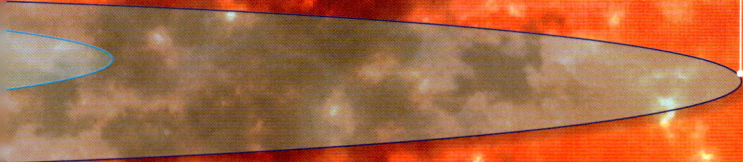

土星的轨道

红超巨星 大犬座VY

目前人类发现的最大型的恒星之一，科学家预计其直径有20亿—40亿千米，和土星轨道的直径差不多大。

为什么星星有各种颜色？

夜空中的星星闪耀着各种色彩，它们为什么会发出不同颜色的光呢？我们的太阳发出的白光，实际上和彩虹一样，由各种颜色的光混合而成。恒星的颜色取决于它的表面温度，太阳的表面温度为6000℃，发出白光。表面温度在10,000℃以上的恒星会发出更多的蓝光。而红巨星则发出更多的红光，表面温度在3000℃左右。也就是说，恒星表面的温度越高，颜色越蓝；温度越低，颜色越红。

赫罗图的原理

将恒星根据光度（绝对星等）和颜色（表面温度）进行分类，就有了右图所示的赫罗图（HR图）。如果我们已经知道了某颗恒星的光度和温度，就能根据这张图知道它属于哪一种恒星。赫罗图的横轴表示恒星的颜色，从左到右由蓝变红，温度也逐渐降低。纵轴则表示恒星的光度，越向上光度越强。一般来说，红色的恒星看起来相对暗淡，蓝色的恒星则比较明亮，所以恒星在这张图上呈现出左上至右下的对角线分布。只有红巨星和白矮星比较特殊，这一点在这张图上可谓一目了然。

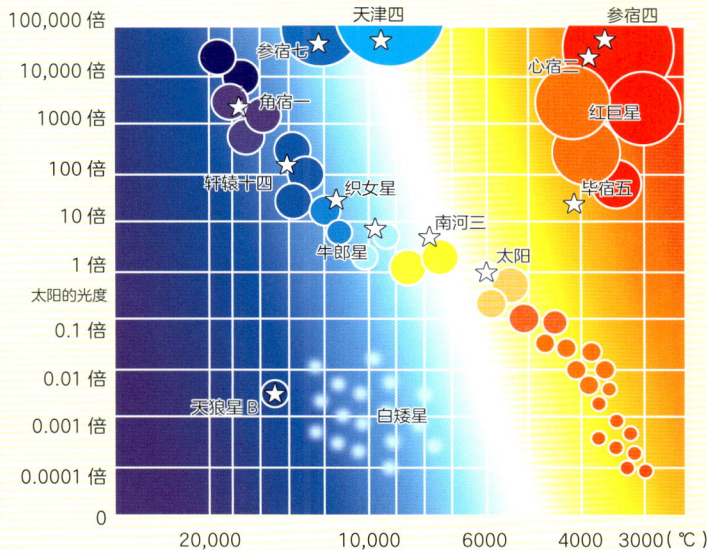

术语集　◇中子星：基本上全部由中子构成的超高密度天体。

在生死中轮回

恒星的一生

渡部博士小讲堂！

在宇宙诞生之初，整个宇宙只存在氢和氦两种元素。组成我们人体的氧、氮、铁等各种元素，其实全部是在恒星内部制造出来的。恒星在诞生时的质量将决定它们此后一生的轨迹，拥有不同轨迹的恒星将以不同的姿态走向消亡，然后孕育出新的恒星。本节就让我们来看一下如此周而复始的恒星的一生吧。

■ 黑洞（第106页）

质量为太阳的30倍以上的恒星在超新星爆发后，核心在自身重力的作用下收缩、塌陷，形成了黑洞。

■ 星云的收缩

在星云的内部，气体向着密度大的地方不断聚集。

■ 红超巨星
（第98页）

直径将膨胀至太阳的100—1000倍以上，亮度也将增至太阳的数千倍以上。

■ 中子星（第99页）

质量为太阳的8—10倍的恒星在超新星爆发后，成为中子星。

■ 质量为太阳的8倍以上的恒星

■ 原恒星（第103页）

暗星云的一部分在引力的作用下不断聚拢收缩，形成了恒星的胚胎——原恒星。原恒星周围有一个由气体和尘埃组成的吸积盘，强烈的喷流从圆盘中心垂直喷出。

■ 质量和太阳相似的恒星

■ 质量为太阳的1%—8%的恒星

星云（第112页）

主要由富含氢、氦的气体和尘埃组成，是形成恒星的材料。其中有些星云并不发光，看上去漆黑一团，被称为暗星云或星际分子云等。

行星状星云（第105页）

在生命的末期，这类恒星会将自身的气体向外抛散，只留下核心；外抛的气体则形成行星状星云。

黑矮星

白矮星（第99页）

残留在中央的核心逐渐冷却、变暗，成为白矮星，最后变成黑矮星。

红巨星（第98页）

当恒星中的燃料——氢元素被不断消耗后，恒星的体积会变得非常巨大，成为红巨星。

超新星爆发（第104页）

此类恒星以大爆炸结束自己的生命。爆炸时，在恒星内制造出来的各种物质都会被抛向宇宙空间，成为星际气体和尘埃。

褐矮星（第99页）

无法发生核聚变反应，体积也不会增大，温度越变越低。

恒星从哪里来？

恒星的诞生

渡部博士小讲堂！

在本节，让我们来看看夜空中闪烁的恒星是如何诞生的。恒星由宇宙中漂浮的气体和尘埃形成。在暗星云（第113页）的深处，这些尘埃和气体在引力的作用下不断收缩，密度越来越大，最终凝聚成恒星，发出灿烂的光芒。我们的太阳系在46亿年前所经历的那番激烈的诞生过程，如今仍在宇宙的各处接连上演着。

正在诞生的恒星

W5

低温的星际分子云无法用可见光观测到，不过凭借红外线望远镜，我们仍旧可以捕捉到它们发出的微弱光芒，这是因为云中的尘埃能够吸收恒星诞生时产生的热量而发热。上面这张照片是仙后座的W5，照片上被气体笼罩着的一团光亮，就是一颗正在诞生的恒星。

宇宙的云团，恒星的摇篮

鹰状星云的中心

宇宙中漂浮着的气体和尘埃不断聚集成星际分子云，无数的恒星从这里诞生。在星际分子云中，有些地方的气体密度极大，这些浓厚的气体就是暗星云，在明亮的背景光的衬托下显出了轮廓。就在图中被气体的光亮包围着的"柱子"内部，新的恒星正在接连不断地诞生着。图为巨蛇座的鹰状星云，因其形状像一只展翅翱翔的雄鹰而得名。

宇宙喷流宣告了恒星的诞生

恒星诞生时的第一声"啼哭"发自星际分子云的深处。星际分子云中密度较大的部分在引力的作用下不断收缩，历经约100万年的时间，渐渐形成恒星的胚胎——原恒星。虽说此时它还是一个尚未诞生的胚胎，但已经可以发出明亮的光芒，喷射出猛烈的喷流了。

星云

周围密度较低的气体和尘埃，也就是星云，被喷流一吹，向四周退散。

原恒星

核心的密度越来越大，周围的气体不断向其聚拢。依靠这些气体提供的能量，核心开始发光。此时的核心还不能发生核聚变反应，处于即将成为恒星的阶段。

原行星盘

伴随着收缩运动，气体开始旋转。在旋转产生的离心力的作用下，气体在原恒星的周围形成了一个圆盘。这个圆盘终将成为行星诞生的摇篮。

宇宙喷流

在向中央的原恒星聚拢而来的原行星盘气体之中，有一部分变成了速度几十千米每秒的喷流，垂直于圆盘喷出，把多余的能量传递出去。

星际分子云看起来柔软又蓬松。

不愧是恒星的摇篮啊！

赫比格-阿罗天体

有时，我们能在原恒星附近的喷流顶端发现一种星云状的气体——赫比格-阿罗天体。当埋没在星际分子云中的原恒星喷出高速喷流，和周围的星际气体相撞时，就会发出光芒，这就是赫比格-阿罗天体。

恒星的结局①

超新星爆发后，会在中心形成一个黑洞（第106页）或中子星（第107页）。

渡部博士小讲堂！

大质量的恒星在迎来生命的终点时，会发生极其剧烈的爆炸，这就是超新星爆发。超新星爆发释放的能量十分巨大，爆发时的亮度甚至能和整个星系发出的光芒相敌。科学家认为，这种爆发和宇宙中已知最剧烈的现象——伽马射线暴（第93页）有着密切的关系。此外，超新星爆发还会向宇宙空间中抛散出硅、硫等重元素，这些元素与行星乃至生命的起源息息相关。

超新星爆发

在恒星的内部，核聚变产生的能量与恒星自身的引力能够维持在一个平衡的状态。然而，当质量是太阳的8倍以上的恒星演化到红超巨星*（第98页）的阶段后，核心产生的膨胀力渐渐抵挡不住引力，终于，崩溃发生了。此时产生的冲击波将包裹在恒星外层的气体猛向外推，这就是超新星爆发。

在自身引力的作用下，恒星中的物质不断向中心部分收缩、挤压。

中心部分坍塌了，恒星中的气体瞬间被推向外侧，开始了爆炸。

质量为太阳的8倍以上的恒星变成了一颗巨大的红超巨星。

超新星遗迹

超新星爆发之后，会残留下星云（第112页）状的天体。在这种超新星遗迹的内部，气体温度非常之高，还会发出X射线等各种波长的光线。在爆发中被喷射而出的恒星气体，以1000千米每秒以上的高速向宇宙空间中扩散。

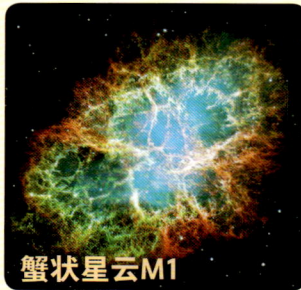

蟹状星云M1

位于金牛座的超新星遗迹。1054年发生了爆发，这一事件在中国和日本的史书中都有记载。目前仍在不断膨胀中。

N49

位于大麦哲伦云的超新星遗迹。大约在5000年前爆发。爆发产生的冲击波和周围的气体剧烈碰撞，发出璀璨的光亮。

夜空中的两个月亮

如猎户座的参宿四（第98页）发生超新星爆发，则它发出的光辉恐将盖过月亮，届时夜空将出现"双月齐照"的奇景。因参宿四爆发产生的气体需数万年才能到达地球，且地球也不在它强烈的伽马射线*的方向上，因此科学家估计，参宿四的爆发不会对地球产生严重影响。

沙漏星云MyCn18

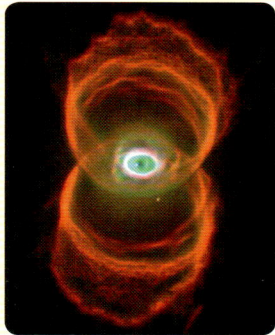

位于南天的行星状星云。扩散出来的气体包裹在中央星周围，形状犹如一个沙漏。

小鬼星云 NGC 6369

星云中含有的氧和氮的离子发出了多彩的光辉。最外侧有一层稀薄的残云，是最早从恒星中弥散出的气体。

指环星云 M57

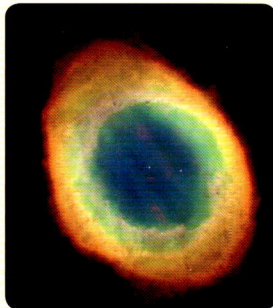

天琴座著名的行星状星云。中央星被环状的星云包围，星云如彩虹般发出七彩光芒。

行星状星云

不发生超新星爆发的质量较小的恒星，在膨胀至一定程度时，位于外侧的气体会直接向宇宙空间扩散，只留下一个演化成白矮星（第99页）的核心。从望远镜中望去，这些扩散成圆盘状的气体在白矮星的紫外线的照射下发出光芒，形状和行星很像，故称为行星状星云。

超新星爆发

双星系统的情况

如果一颗白矮星和别的恒星组成了一个双星（第108页）系统，那么它也可能会发生超新星爆发。未能爆炸而成为白矮星 * 的恒星，由于拥有非常大的密度，所以引力非常强大，可以将另一颗恒星的气体吸引过来，在超越某个限度之后发生超新星爆发。

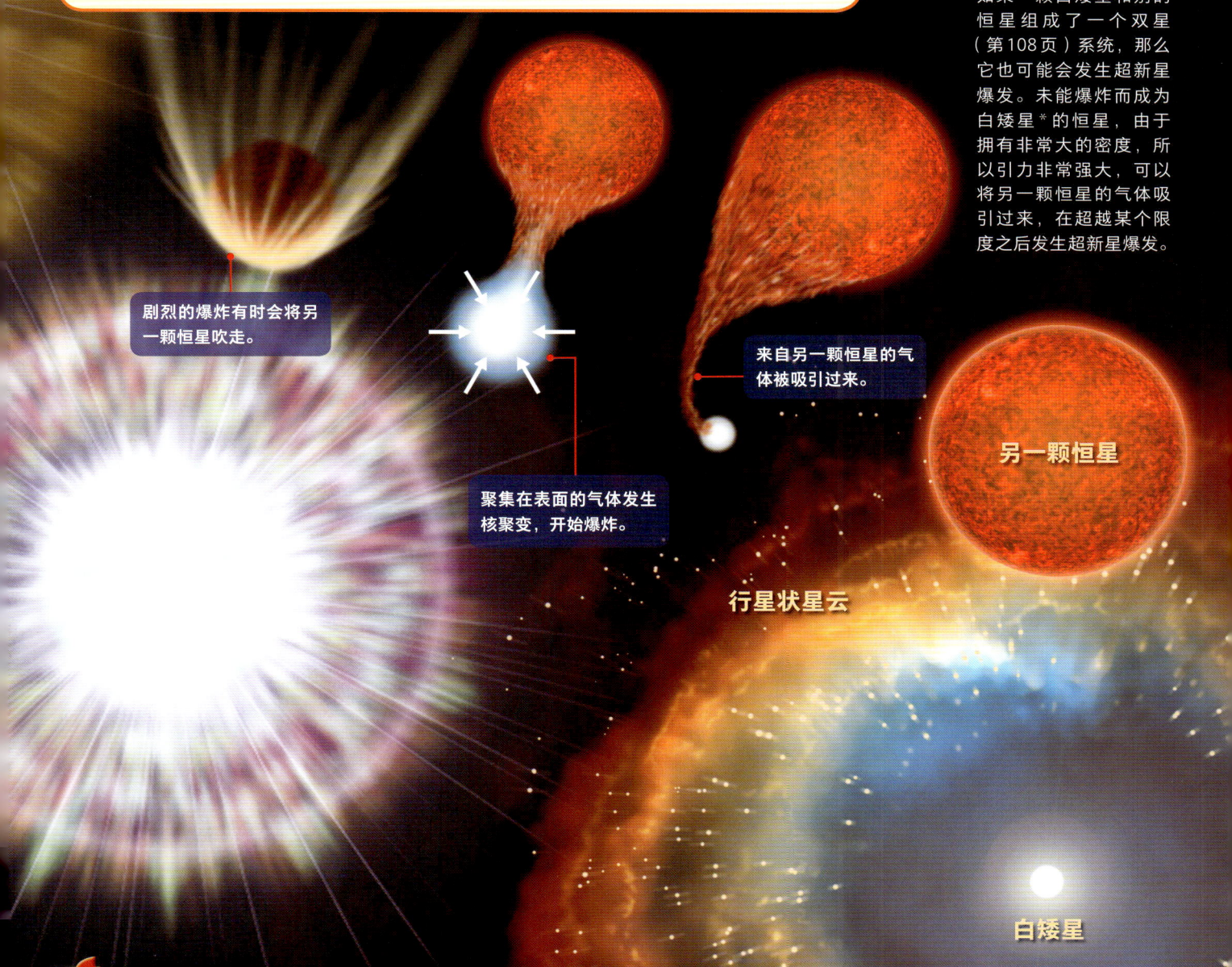

剧烈的爆炸有时会将另一颗恒星吹走。

来自另一颗恒星的气体被吸引过来。

聚集在表面的气体发生核聚变，开始爆炸。

另一颗恒星

行星状星云

白矮星

术语集 ◇白矮星：质量较小的恒星演化到末期时，就有可能成为一颗白矮星，此时的恒星只剩下一个核心。

恒星的结局②

渡部博士小讲堂！

当质量为太阳的 8 倍以上的大质量恒星，到了无法继续维持核聚变反应时，由于抵挡不住自身的引力，核心终于塌陷了。然后，在经历了超新星爆发之后，一个密度极大、引力极强的天体出现在了中心，这就是黑洞或中子星。本节就让我们来看看这两种爱因斯坦（第131页）曾经在相对论中预言过的神秘天体吧。

宇宙喷流

被黑洞吸过去的物质当中，有一部分被喷了出来。

黑洞

吞噬恒星的黑洞

上图是天鹅座X-1黑洞的想象图。当黑洞和另一颗恒星构成双星（第108页）系统时，黑洞强大的引力会将气体从另一颗恒星上生生剥离，吸收过来。这些被吸引过来的气体在黑洞周围逐渐形成了一个吸积盘*，高速地旋转着。旋转产生的摩擦把吸积盘加热到了很高的温度，放射出强烈的X射线。

光都无法逃出的黑色洞穴

超新星爆发后，如果留下的中心部的质量是太阳的3倍以上，那么就会因为自身的引力而不断收缩，变成黑洞。即使是宇宙中运动速度最快的光，一旦被吸入黑洞，也决计无法逃出。因此，既不能像恒星一样发光，也不能反射光（而是直接把光吸进去）的黑洞，是无法被直接观测到的。

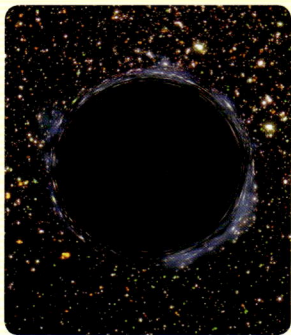

时间停止了？！

时间流逝的速度受到引力的影响，引力越大的地方，时间过得越慢。举例来说，人造卫星上的计时表都是被稍稍调慢了一点点的，这是因为在太空中高速运行的人造卫星受到的地球引力要比地面上小，所以时间流逝得更快。而如果是在黑洞的中心——奇点，那里的引力将达到无穷大，所以时间也将是静止的。

术语集 ◇吸积盘：出现在黑洞、中子星等天体周围的圆盘，由气体和尘埃组成。

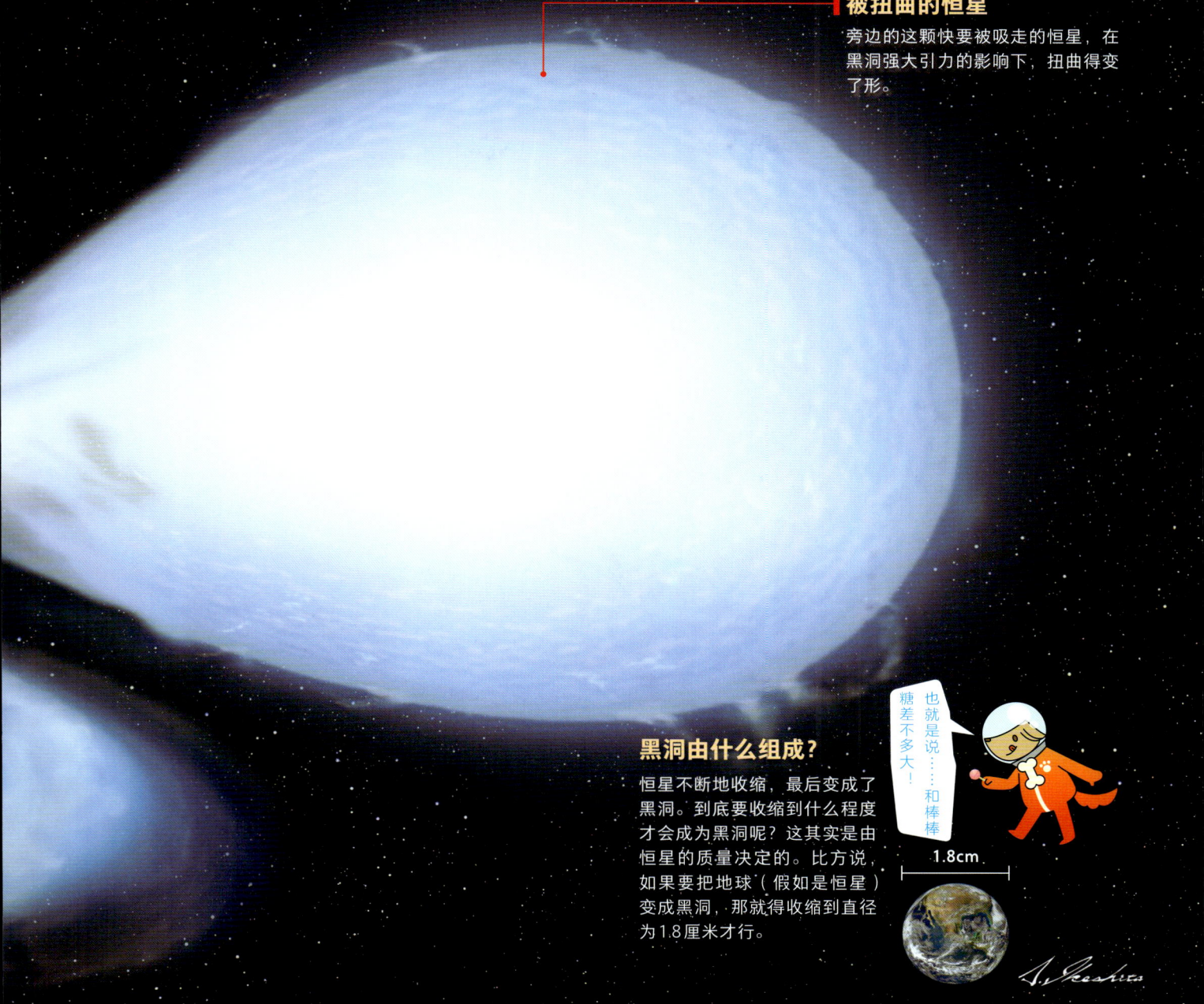

旁边的这颗快要被吸走的恒星，在黑洞强大引力的影响下，扭曲得变了形。

黑洞由什么组成？

恒星不断地收缩，最后变成了黑洞。到底要收缩到什么程度才会成为黑洞呢？这其实是由恒星的质量决定的。比方说，如果要把地球（假如是恒星）变成黑洞，那就得收缩到直径为1.8厘米才行。

也就是说……和棒棒糖差不多大！

1.8cm

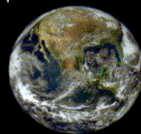

疯狂自转的中子星

有些恒星的质量不够大，无法形成黑洞，那么其核心的原子中的质子有可能将电子纳入，使其成为中子星。中子星的密度极大，每立方厘米的质量高达10亿吨，这相当于将太阳半径压缩至10千米的效果。中子星自转极快，每秒旋转1000多圈。

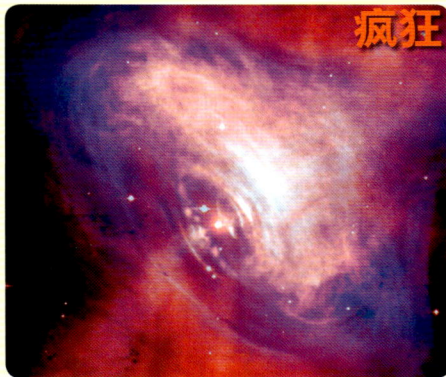

中子星高速旋转时会在磁极的方向发出射电波光束，光束随磁极一起旋转。当地球正好处在这束光扫过的范围时，光束就会周期性地到达地球，形成脉冲信号。据说，当人们第一次接收到这些极富规律的信号时，还以为是外星人发过来的信息。

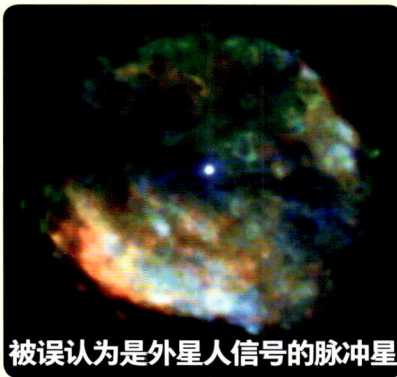

被误认为是外星人信号的脉冲星

细看恒星，大吃一惊！

双星与变星

夜空中闪耀着无数的恒星，这些恒星都和我们身边的恒星——太阳完全一样吗？其实，只要我们仔细观察，就会发现恒星竟然千姿百态，变化多端。有的是由好几颗星相互吸引、绕转而形成的恒星系统，有的则是忽明忽暗的变星。这些看上去总是一成不变地静静点缀在夜空的恒星，其实拥有非常多彩的姿态。让我们赶快来看一下吧。

双星

如果有两颗相邻的恒星在引力的作用下互相绕着对方旋转，这两颗恒星就构成了一个双星系统。我们太阳系只有一颗恒星，那就是太阳，但其实宇宙中一半以上的恒星都是双星系统，或者是由3个及以上的恒星组成的聚星系统。

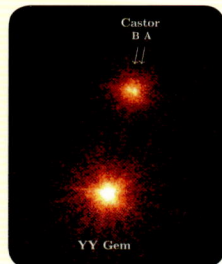

北河二六合星

双子座在冬季夜空格外抢眼，其中有一颗很特别的亮星——北河二。肉眼看到的北河二与普通恒星无异，但通过望远镜可见，它其实由A和B两颗星组成，而它们又都是双星系统。再加上近处更小的双星系统C（即YY Gem），北河二实际是一个由6颗星组成的聚星系统。

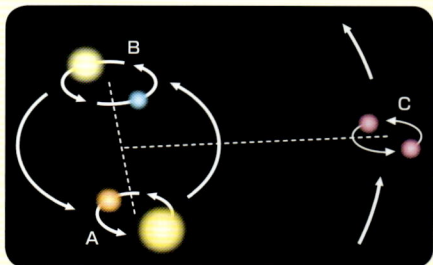

Castor
B A

YY Gem

能看到两个太阳的行星

双星也可以拥有行星，实际上这样的行星已经被科学家发现了。想象一下，若干个太阳升起了又落的世界，那将是怎样的光景呢？相关研究正在紧锣密鼓地展开。

变星

在恒星家族中，有一类被称为变星的恒星，它们的亮度会发生变化，忽明忽暗。有些变星亮度的变化具有周期性，有些则完全无规律可循，它们会发生亮度变化的机制也是各不相同的。其中，有些变星的亮度变化周期与它自身发出的光亮相关，是测量天体距离的重要线索。

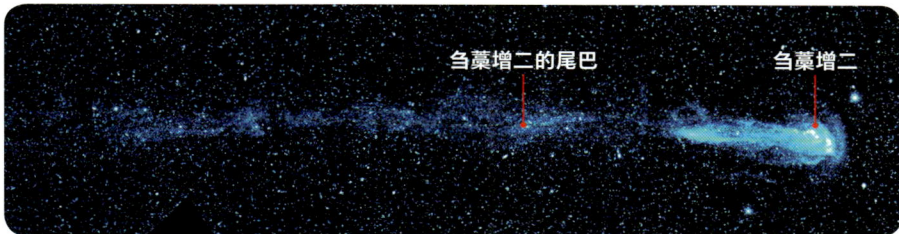

刍藁增二的尾巴　　　刍藁增二

上图是鲸鱼座的刍藁增二。它正处于红巨星※的阶段，反复地进行着膨胀和收缩。刍藁增二最亮的时候能达到 2 等，最暗的时候为 10 等，肉眼完全看不到，可见其亮度变化十分显著。此外，刍藁增二还有一条长长的尾巴，那是刍藁增二在移动时抛撒出来的气体。

变星的种类

脉动变星

亮　→　暗　→　亮

像刍藁增二这样，整颗恒星时而收缩、时而膨胀，以至于亮度也跟着发生变化的恒星叫作脉动变星。在脉动变星中，有一类叫作造父变星，它们的亮度变化具有周期性，而且我们可以根据这个周期计算出它们真正的亮度（即光度）。这样，我们就能推算出造父变星与我们的距离了。

食变星

※较亮的是主星，较暗的是伴星。

伴星　　主星

暗　　亮　　微亮　　亮　　暗

如果有一对双星，它们相互绕转的轨道平面与我们从地球上观测的视线几乎平行，那么就会发生其中一颗星遮掩另一颗星的掩食现象。在发生遮掩时，两颗星整体的亮度也会产生变化，像这样的变星就叫食变星。当两颗星互不遮掩时，亮度较亮；发生遮掩时，亮度较暗。

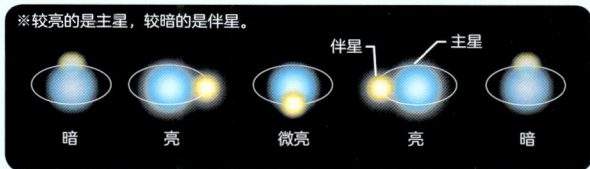

术语集　◇红巨星：表面温度较低、体积巨大的红色恒星。

扎堆诞生的恒星

疏散星团与球状星团

🛸 渡部博士小讲堂！

在银河系中，像太阳这样的恒星至少有1000亿颗。这些恒星并非均匀地分散在星系的各个角落，相反，它们常常聚集在一起，形成一个个恒星的集群——星团。星团可以粗略地分为疏散星团和球状星团两种。让我们来比较一下两者的不同之处，然后思考一下恒星喜欢扎堆的原因吧。

疏散星团

这是一种分布较松散的恒星集团，通常由几十颗至1000颗左右的恒星组成。疏散星团的特点是含有许多发出蓝光、温度很高的年轻恒星。由于疏散星团中恒星的年龄都差不多，所以特别适合研究和比较恒星的各种演化进程。

NGC 3603

船底座的疏散星团NGC 3603正好处在恒星接连不断地诞生的区域，是银河系中最年轻、最大型的疏散星团之一。大量的气体与尘埃像云雾般笼罩着这个星团，在云雾的深处，新的恒星正在接连不断地诞生。

疏散星团的摇篮——星际分子云

疏散星团是在同一片星际分子云中诞生的恒星的集合。一开始，星团中的恒星是十分集中的，随着时间的推移，它们会逐渐散开。猎户座有许多年龄相似的恒星，共同组成了猎户座的主体，科学家认为它们很可能是在同一片横跨猎户座的星际分子云中诞生的。

猎户座和星际分子云的分布

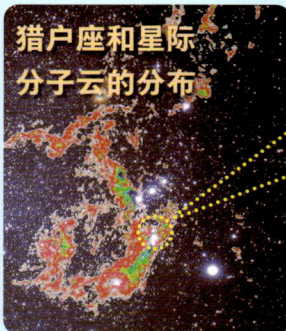

猎户座大星云

猎户座的M 42又被称为猎户座大星云。聚集在这里的全是年轻的恒星，而且还有更多的恒星正在星云中不断诞生。

M13

球状星团

10万—100万颗恒星在引力的作用下紧缩在一起，形成了一个圆球状的密集星团，这就是球状星团。球状星团的年龄大多超过100亿年，是非常古老的恒星的集团。目前我们只知道这些星团大多诞生于银河系形成初期，至于它们是怎样诞生的，就不得而知了。

昴星团

著名的昴星团是金牛座的一个疏散星团。只凭肉眼就可以看到6颗亮星，借助望远镜则可以看到几十颗蓝色星体聚集在一起。这些都是年龄仅6000万年左右的年轻恒星。

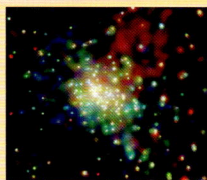

疏散星团的形成过程

① 气体和尘埃不断向密度大的地方聚集，于是形成了恒星。新诞生的恒星会将自身周围的气体向外吹，因此，又一片大密度的区域在星际分子云中产生。

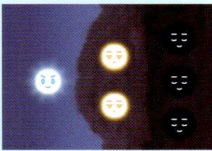

② 跟随步骤①中诞生的恒星，从星际分子云中密度增大的地方（因为有新的气体被吹了过来）又诞生出新的恒星。

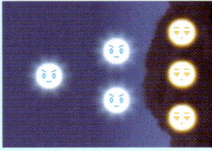

③ 如此这般，恒星不断地诞生，疏散星团逐渐形成。

银河系中的星团

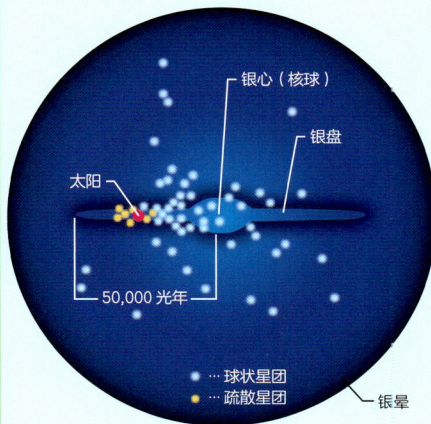

银心（核球）

太阳

银盘

50,000光年

…球状星团
…疏散星团

银晕

散布在四周的球状星团

左图中的白点表示球状星团。球状星团常常出现在年老天体较多的核球*和银晕*区域，仿佛将银河系的中心包围起来。那么，像半人马座ω星团那样的巨大球状星团是怎样形成的？科学家推测，这些星团可能本来是散布在银河系周围的矮星系*，后来被银河系吞并了，只留下中心的核球。

集中在银盘的疏散星团

很多疏散星团都分布在银河系的银盘上。银盘区域含有许多星际气体，新的恒星在这里诞生。

术语集

◇核球：旋涡星系等星系的中央隆起的部分。 ◇银晕：包围着银河系的球状区域，其中充斥着球状星团、暗物质等物体。
◇矮星系：规模不到一般星系的1%的小型星系。

恒星的摇篮

星云

宇宙中并非只有闪亮的恒星。抬头望向横亘在夜空中的银河，那里还有若隐若现的成片的云雾状区域，以及没有星体的黑暗区域。这些其实都是弥漫在宇宙中的星云。在银河系中飘浮着许多聚集成云团状的气体和尘埃，它们的总质量超过了恒星质量的1/10。借助望远镜，科学家可以在星云中看到星际介质是怎样不断地孕育出新的恒星的。

船底座 η 星云
（NGC3372）

这是一个位于船底座的巨型星云，其中有一片区域特别明亮耀眼，新的恒星在这里不断产生。这片区域足足横跨了500光年。像这样能够发出光亮的星云，叫作弥漫星云。右图是将上图中的四边形部分放大后的样子。

发射星云

在弥漫星云中，有些区域的气体被附近发出强光的高温恒星加热之后，自己也会发光，这样的区域色彩鲜红，名为发射星云，主要成分是在星际气体中占比最大、能发出红光的氢。

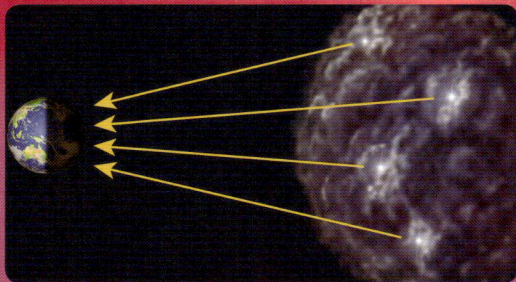

猎户座大星云（M42）

这是位于猎户座的巨大星云。在星云的中心，年轻的恒星接连不断地诞生。

神秘山

这是在船底座 η 星云中的一片叫作神秘山的区域。就在柱状的星云顶端，有一颗刚刚诞生的原恒星*（第103页）正在喷出喷流。

赫比格-阿罗天体
（第103页）

哇！是什么样的气味呢？

据说星云是有气味的！

反射星云

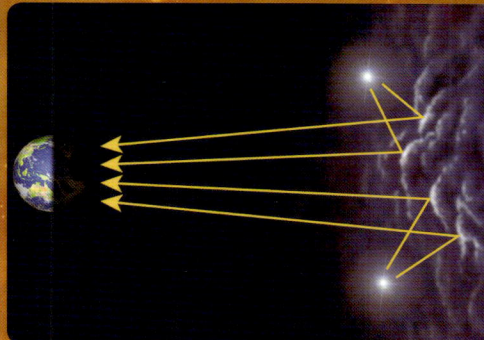

在弥漫星云的某些区域，星际物质中的尘埃将附近蓝色的年轻恒星发出的光反射，进而呈现出蓝色，并被我们观测到。这样的区域就是反射星云。

NGC 6726

NGC 6727

淡蓝色的恒星周围的星云也反射淡蓝色的光。

暗星云

暗星云是由密度很大的星际物质聚集而成的。由于暗星云中的尘埃吸收掉了藏在其后的星体发出的光芒，所以看起来漆黑一片。

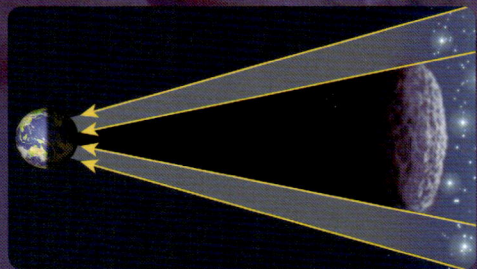

巴纳德68

位于太阳系附近的暗星云。在这片漆黑的区域背后，其实也是一整片发光的星体（第102页）。

银河系的暗星云

在远离灯光和月光的夏季夜空中，我们抬头看见一条云雾状的银河。凭借望远镜，我们可以观测到聚集在银河中的无数恒星，而银河中随处可见的暗色区域，就是暗星云。

术语集 ◇原恒星：由稀薄的气体聚拢而成的，尚未发生核聚变反应的恒星的胚胎。

寻找下一个地球！

系外行星①

渡部博士小讲堂！

银河系中闪耀着1000多亿颗恒星。如果说这些恒星都是太阳的同类的话，那么像太阳系一样拥有许多行星的系统肯定还有很多。在这么多行星之中，倘若某颗行星也和地球一样有生命存在，也绝非不可思议的事情。当前天文学界最引人注目的话题之一就是系外行星的探寻。我们是否能找到"第二地球"呢？本节就让我们来探讨一下这个问题吧。

生命存在的条件 ①

质量足够吸引大气

大气可以使行星免受电磁波＊、射线和陨石＊等来自宇宙的危害，同时还能使地表温度维持在一个稳定的状态。要将大气束缚在行星周围，不向外逸散，必须要有足够的引力才行，这意味着行星至少要有和火星差不多的质量。

生命存在的条件 ②

地震、火山等地壳变动

发生火山喷发等地壳变动之后，行星的表面就会出现温室气体＊、有机物和水蒸气等物质。不过，小型行星在形成后很快就冷却了，行星内部的地壳变动不会持续很长时间。

格利泽581c

和地球相似的行星

这是一张格利泽581c行星的想象图。格利泽581c是格利泽581恒星周围已经确认的6颗行星之一，质量是地球的5倍，是一颗岩质的行星。由于它围绕在一颗不太明亮的红矮星＊周围，因此表面的温度可能允许水以液态的形式存在。

◇电磁波：光波、无线电波等的总称。 ◇陨石：坠落到地球上的天体的一部分。

术语集 ◇温室气体：有保温作用的气体，如二氧化碳、甲烷等，它们是使气温升高的原因之一。 ◇红矮星：主序星中一类较小的恒星，表面温度较低，呈红色。

或许存在生命的区域——宜居带

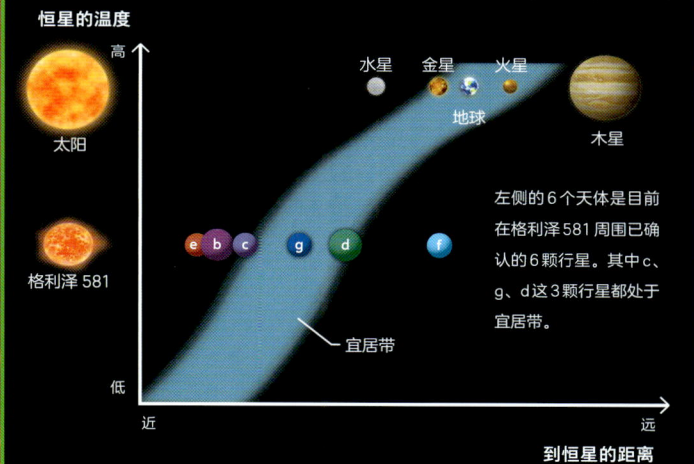

恒星的温度

左侧的6个天体是目前在格利泽581周围已确认的6颗行星。其中c、g、d这3颗行星都处于宜居带。

行星的表面温度和它到恒星的距离有很大关系。当行星过于靠近恒星时，地表的水都将在高温中蒸发；距离恒星过远时，地表的水都将因低温而结冰。只有当行星与恒星处于某个合适的距离范围时，水才能以液态的形式存在，如果行星的大小也很合适，那么就有可能孕育生命。这个范围就叫宜居带。宜居带与恒星的温度和亮度也有关。

生命存在的条件 ❸

存在液态水的环境

在生命活动所必需的种种化学反应之中，液体发挥着极为关键的作用。一般来说，行星上能够存在的最为充裕、形态最稳定的液体就是水。因此，要想孕育生命，行星表面必须要有液态水的存在。

生命的最初形态是细菌类生物？

目前生活在地球上的物种数量可谓浩如烟海，然而在这颗星球诞生之初，显然并不存在如此丰富的物种。地球上现有的高级生物是由许多进化程度很高的细胞组成的，而原始的生命形态恐怕是像细菌*那样的单细胞结构。地球上的原始生命——细菌诞生于35亿年前的大海深处。

会不会存在跟我们长得很像的生物呢？

真想见见它们呀！

术语集 ◇细菌：拥有细胞膜的原核生物。

接连不断地被发现！

系外行星 ②

渡部博士小讲堂！

1995年，科学家在飞马座51发现了围绕恒星旋转的行星，这是人类首次在太阳系之外发现行星。从那以后，人类在探索系外行星的道路上高歌猛进，发现了许多和太阳系的行星迥然不同的系外行星。随着观测技术的不断进步，也许在不久的将来，我们就能找到"第二地球"了。让我们一起了解一下当代天文学研究的最前沿吧。

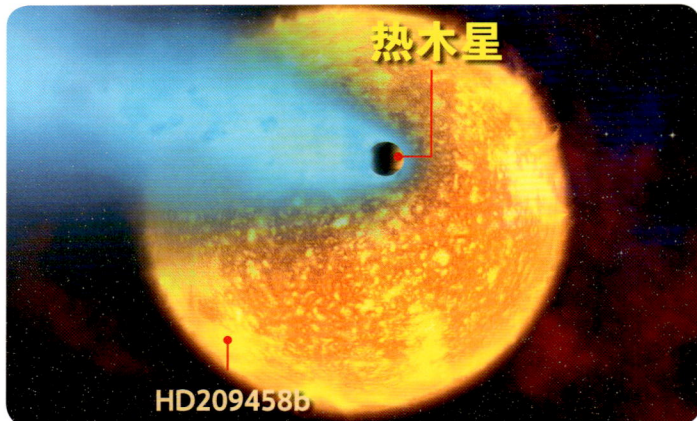

热木星

HD209458b

热木星是一种类似木星的气态巨行星，它们的公转轨道距离恒星极近，比水星到太阳的距离还近，公转周期也比较短。由于它们很像木星，温度又很高，故被称为热木星。HD209458b就是一颗热木星，它的大气正在高温中不断蒸发。

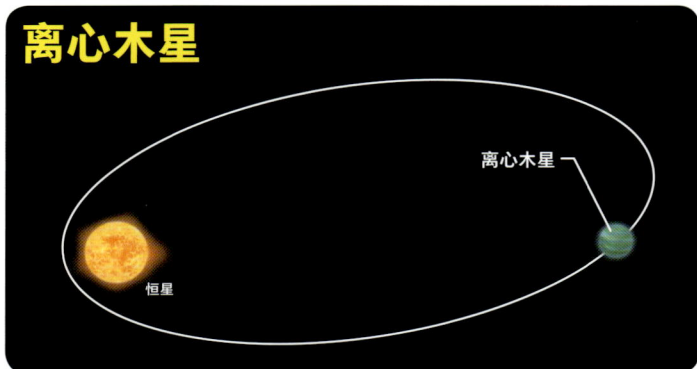

离心木星

离心木星

恒星

所有行星都以椭圆轨道绕着恒星公转。太阳系行星的轨道都比较圆，但是在太阳系外，有不少行星的轨道都是非常扁的，这恐怕是在诞生时受到了很强的干扰所致。

GJ1214b

超级地球

科学家还找到了一些和地球相似的行星。所谓超级地球，就是指质量为地球的数倍，主要由岩石和金属等固体成分构成的系外行星。2009年发现的GJ1214b就是一颗这样的行星。据测算，它比地球大数倍，也是岩质的行星，大气含有较高比例的水蒸气，水在这颗星球所占的比例可能比地球还大。

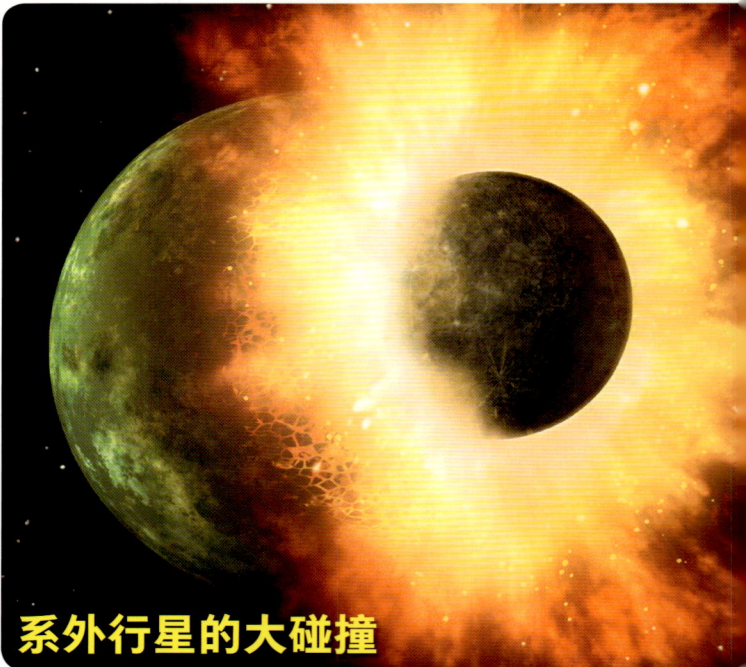

系外行星的大碰撞

凭借红外线观测设备，科学家在距离地球100光年的HD172555恒星周围，发现了一些岩石蒸发形成的气体与岩石碎片，这些气体与碎片正是行星发生剧烈撞击后的遗迹。在太阳系诞生初期恐怕也反复出现过这样的撞击。

寻找系外行星的方法

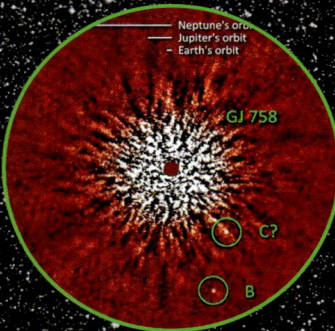

拍摄照片

确认系外行星的最直接方法就是拍摄照片。然而，要想在过于明亮的恒星附近拍摄到很小的行星，是一件十分困难的事情。不过，现在科学家可以借助特殊的装置削弱恒星的光芒，从而成功拍摄到微小而暗淡的行星。

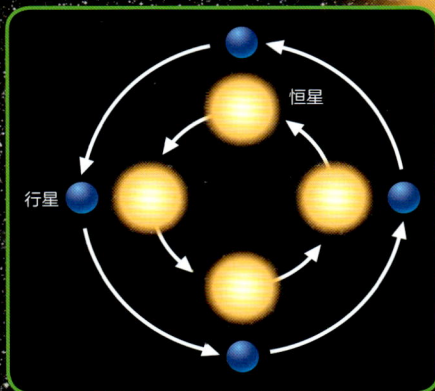

观测恒星的摆动

这种方法可以用来发现那些过于微小而拍摄不到的行星。在行星公转时，中央的恒星也会受其影响而发生微小的摆动。利用光的多普勒效应，科学家可以计算出这种摆动的轨道，从而推算出围绕它旋转的行星的轨道和质量。

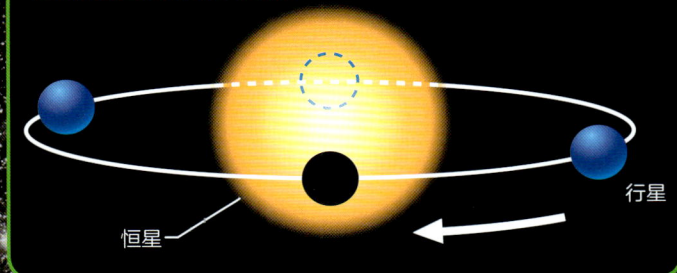

观测恒星亮度的变化

当行星围绕恒星公转的轨道面与我们从地球上观测的视线几乎平行时，行星就会从恒星前面经过，恒星的亮度就会因为被遮挡而稍稍变暗。科学家可以从这种亮度的变化中推算出行星的大小与准确的轨道，而且这还是一个调查大气成分的好机会。

开普勒空间望远镜

这是一台一直跟在地球后面绕着太阳旋转，类似于探测器的望远镜。它于2009年升空，主镜的口径为1.4米。科学家通过观测恒星亮度的变化，发现了很多系外行星。

或许在不远的将来就能发现"第二地球"！

目前，科学家利用最新的设备和充足的观测数据，发现了越来越多的系外行星。在诸多搜寻方法之中，最可靠的就是观察恒星亮度的变化。其实，不只是像热木星这样的行星，科学家也在离恒星较远的宜居带*中，发现了越来越多的与地球大小相近的候补行星。

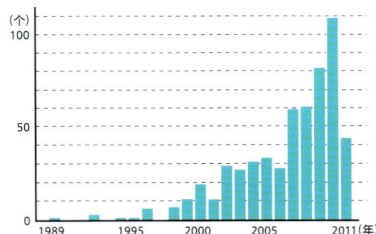

宇宙与人

NASA科学家想象中的"第二地球"

在太阳系之外，围绕着其他恒星旋转的行星究竟是怎样的世界呢？NASA科学家构想了一个大小、质量、大气环境与地球一模一样的假想行星"奥里里亚"。它围绕着一颗亮度只有太阳的8%的红矮星公转。在潮汐力*的锁定下，奥里里亚始终以固定的一面朝向恒星。如果温度适宜，那么就有可能孕育出右图所示的生物。

奥里里亚

刺激扇

这种有着巨大的枝干和叶子的生物，看起来很像植物，其实是一种拥有肌肉的动物。它们栖息在水边，依靠光合作用生存，以无性生殖*的方式繁衍后代。

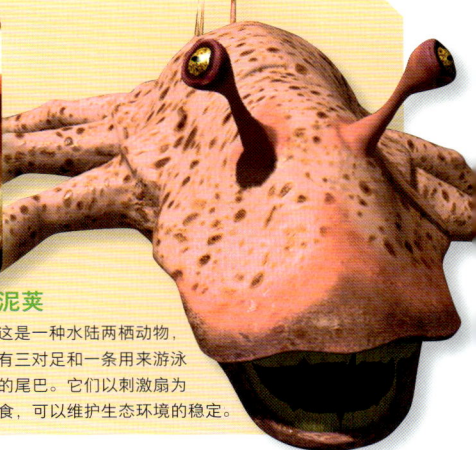

泥莢

这是一种水陆两栖动物，有三对足和一条用来游泳的尾巴。它们以刺激扇为食，可以维护生态环境的稳定。

银河中，看上去像是黑云的部分就是暗星云，这里聚集着非常浓密的气体。暗星云中的尘埃吸收掉了恒星的光芒，所以看起来是漆黑的（第113页）。

第四章

银河与星系

The Galaxy & Galaxies

渡部博士小讲堂！

宇宙中，数不清的恒星聚集在一起形成了星系。我们太阳系所在的星系叫作银河系。直到100年前，人类还一直认为银河系就是宇宙的全部。后来依靠越来越先进的望远镜，人类才得以发现宇宙中无数的星系。细观银河系，我们可以看到它是由恒星、星云（第112页）等各种各样的天体组成的。

神秘的暗物质

暗物质是一种不可见的物质，它与目前仍未解明的宇宙演化之谜密切相关。据说，宇宙中存在的暗物质是可见物质的4倍以上（第138页）。

新诞生的恒星

宇宙中飘荡的气体和尘埃不断聚集，形成了星际分子云，而恒星就从其中诞生。当星际分子云的密度达到一定程度时，原恒星发出了第一道光芒，原行星盘和宇宙喷流（第103页）也就出现了。

星系的中心

星系的中心有一个巨大的黑洞，有些黑洞的质量可达太阳的数百亿倍（第128页）。

球状星团

在银河系的周围，有数个由10万—100万颗恒星组成的球状星团（第111页）。

宇宙与人

● 赫歇尔眼中的银河系 ●

1785年，威廉·赫歇尔决心要数一数银河里的星星。他利用恒星的目视亮度与距离之间的关系，推断出了银河其实是一个聚集成圆盘状的大量恒星的集合。赫歇尔是第一个发现了银河系是一个有厚度的圆盘（第120页）的人。

威廉·赫歇尔
（1738—1822）

赫歇尔构想中的银河系的形状。

我们的太阳系在哪里？
银河系的形状

渡部博士小讲堂！

银河系的形状很像一个煎蛋：在中心鼓起的核球仿佛是蛋黄，向周围摊开的银盘仿佛是蛋白。这种形状的星系被称为旋涡星系。我们在夜空中看到的银河正是银河系的一部分。

银河系的剖面图

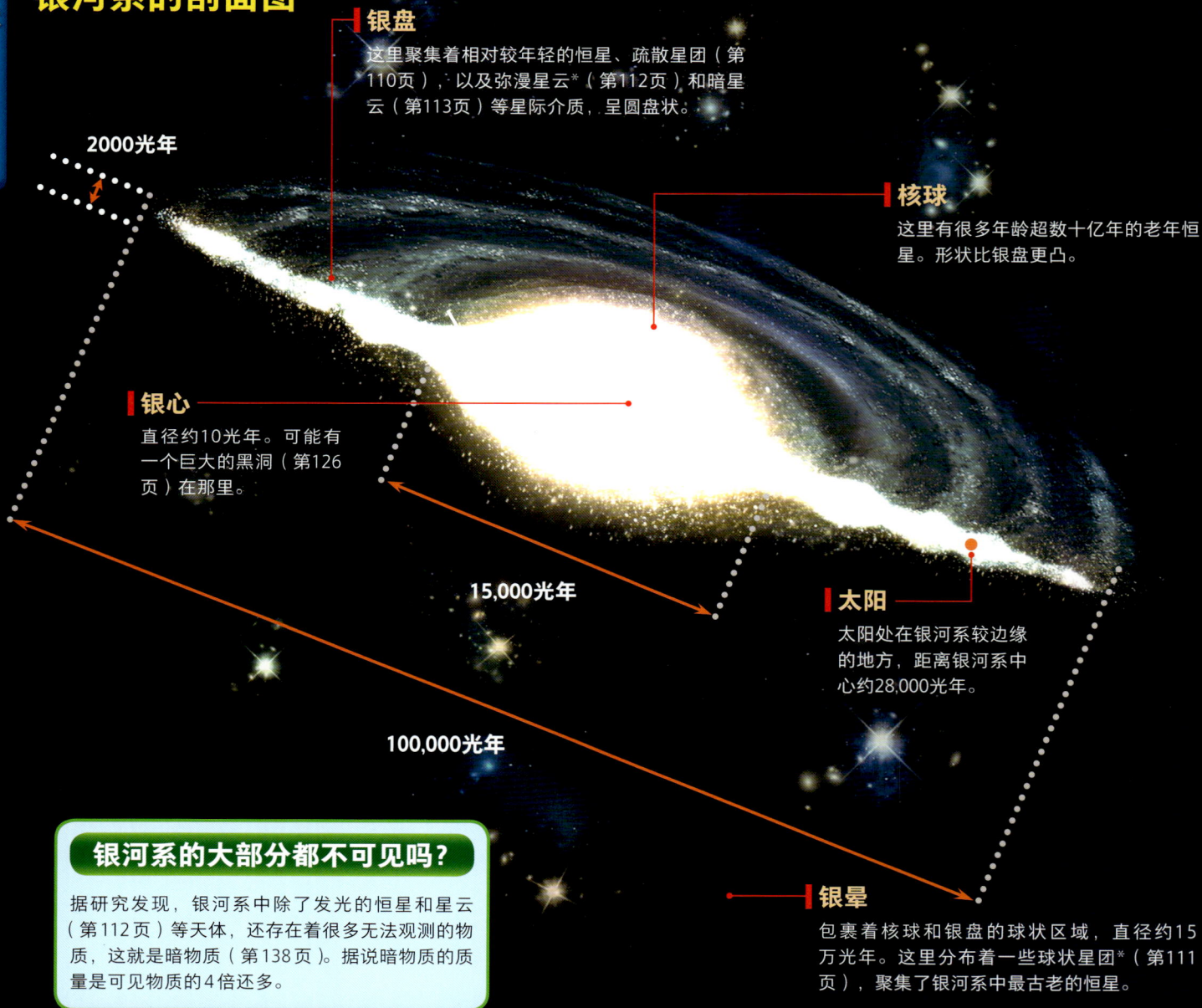

银盘
这里聚集着相对较年轻的恒星、疏散星团（第110页），以及弥漫星云*（第112页）和暗星云（第113页）等星际介质，呈圆盘状。

核球
这里有很多年龄超数十亿年的老年恒星。形状比银盘更凸。

2000光年

银心
直径约10光年。可能有一个巨大的黑洞（第126页）在那里。

15,000光年

太阳
太阳处在银河系较边缘的地方，距离银河系中心约28,000光年。

100,000光年

银河系的大部分都不可见吗？

据研究发现，银河系中除了发光的恒星和星云（第112页）等天体，还存在着很多无法观测的物质，这就是暗物质（第138页）。据说暗物质的质量是可见物质的4倍还多。

银晕
包裹着核球和银盘的球状区域，直径约15万光年。这里分布着一些球状星团*（第111页），聚集了银河系中最古老的恒星。

术语集 ◇弥漫星云：明亮可见的星际介质，由气体、尘埃等组成。 ◇球状星团：100,000至100万颗恒星在引力的作用下聚成球形的密集的星团。

120

银河的模样

由于地球处于银河系中，所以我们不可能用望远镜观测到银河系的全貌。我们在夜空中看到的银河，实际上只是银河系的一部分。当地球绕着太阳公转，度过一年四季的时候，从地球上看到的银河的模样也在随着季节的变化而悄悄改变。

夏 ← 地球 → 冬

夏季的夜空　　冬季的夜空

夏季的银河

8月前后，随着太阳的西沉，银河从夜空中浮现出来，从地面建筑的屋顶直贯天顶。其中，在银河的中央、人马座的方向聚集了最多的星星，那里就是核球了，因此看上去格外明亮。

冬季的银河

12月末，猎户座和大犬座成为了夜空的主角，此时的银河位于猎户座和双子座中间，并不起眼。由于冬季看到的银河其实是银河系的外侧，所以看上去并不像夏天那样浓墨重彩。

从银盘上方俯瞰的银河系

俯瞰银河系，有一根棒状结构横亘在核球中心，叫作银棒。从银棒上伸出了几条粗细不一的旋臂，这里的恒星和气体特别密集。除了中心区，银河系中的恒星都是以差不多的速度围绕中心旋转的。我们的太阳围绕银河中心旋转一周需要2亿年左右。

旋臂

银棒

银河系的堵车地带——旋臂

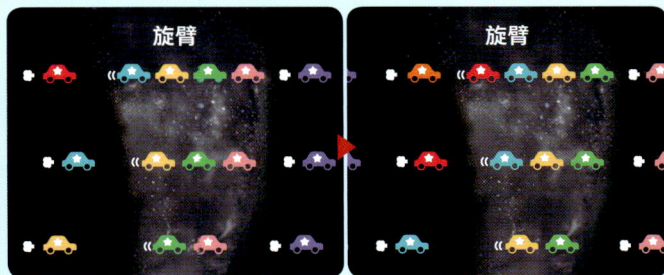

旋臂　　　　　　　旋臂

银河系中的星体和气体都是各自独立地围着中心旋转，而不是抱团成一条旋臂，然后一起旋转。那么为什么恒星在旋臂的部分会特别密集呢？其实这就像道路堵车一样，当恒星们"行驶"到这里时，速度都变慢了，所以就"堵"在一起了。

来自宇宙尽头的光芒
宇宙背景辐射

初期的宇宙温度非常高，光在高温中传播时总是被剧烈运动的电子撞到，无法传播很长的距离。直到宇宙诞生380,000年后，电子与原子核发生结合，成为原子，光才能在宇宙中畅通无阻。这一时刻被称为宇宙的黎明。此时发出的光芒，就是我们能观测到的宇宙中最古老的光芒——宇宙背景辐射。

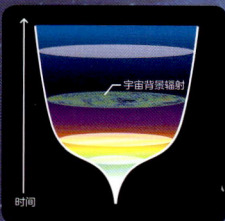

从气体中诞生的宇宙第一星
第一代恒星

目前我们还无从得知宇宙中的第一颗恒星是在什么时候诞生的。宇宙诞生380,000年后，迎来了一段没有一点星光的黑暗时期。然后又过了几亿年，在巨大的气体云中，第一代恒星诞生了。这颗巨型恒星的质量是太阳的40倍，温度也很高，发出耀眼的光芒。右图为第一代恒星的想象图，其中发出橙色光芒的巨大星体就是第一代恒星。

这张图表示的是宇宙背景辐射的温度起伏，蓝色表示温度较低，红色表示温度较高。

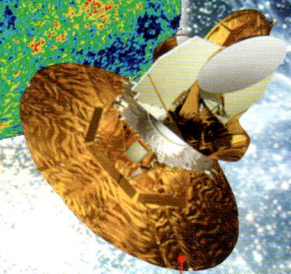

WMAP

威尔金森微波各向异性探测器（WMAP）是NASA为了准确测量宇宙中的射电波而发射的天文观测卫星

宇宙背景辐射的发现者
彭齐亚斯和威尔逊

左页介绍的大爆炸理论认为，宇宙是有起点的。然而这一论断在提出的当时并没有被很多人接受。后来，美国贝尔实验室的彭齐亚斯和威尔逊发现，有一种极其微弱的射电波，正在从宇宙的所有方向向我们的地球射来，这就是宇宙背景辐射，而这种辐射正是大爆炸理论中预言的"大爆炸的余烬"。彭齐亚斯和威尔逊的发现为大爆炸理论提供了坚实的证据。

右：阿诺·彭齐亚斯（1933—　）
左：罗伯特·威尔逊（1936—　）

宇宙的演化与暗物质

宇宙从一无所有的状态中诞生，历经137亿年，不断生成星体和星系，最后演化成了现在的模样。在这一过程中，不可观测的暗物质所产生的引力，以及推动宇宙膨胀的暗能量（第140页）互相作用，正是这种互相作用塑造了星系的形状以及宇宙的大尺度结构（第133页）。

这是宇宙诞生2亿年后的样子。此时的宇宙中充满了暗物质和其他各种物质，有的地方密度大，有的地方密度小，这种密度不均匀的现象被天文学家们称为密度起伏。这种起伏还会逐渐扩大。第一代恒星*（第137页）就在这个阶段开始发出光芒。

不断进化的宇宙

这四张图是用电脑模拟出来的宇宙演化过程图，具体模拟的是从宇宙初期开始，暗物质是怎样存在，怎样影响着宇宙的进化的。当然，暗物质本来应该是不可见的，不过在这几幅模拟图上，我们将用颜色的明暗来表示密度的起伏。

这是宇宙诞生10亿年后的状态。颜色越亮的地方，暗物质的密度越大。暗物质大量聚集的地方，往往有可能存在着更多的星体和气体。从这一阶段起，较小的星系不断地彼此碰撞、融合，逐渐结合为更大的星系。

神秘莫测的暗物质

如果只考虑恒星与气体的引力，是不足以解释星系的运动的。作用于整个星系团*（第130页）的引力，也比所有星系自身产生的引力要大得多。这一现象表明，星系被无法观测到的，但却拥有质量的物质包裹着，这种物质被科学家称为暗物质。据推算，宇宙中存在的暗物质是可见物质的4倍以上。

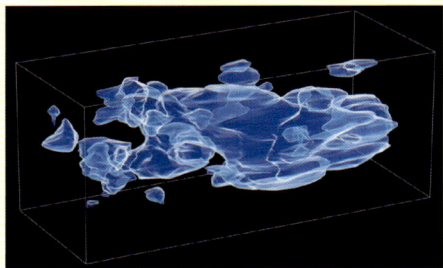

左图是根据观测结果推算出来的暗物质（图中像冰一样的区域）在星系团中的分布图。在宇宙中，这样的暗物质可能还有很多。

两种暗物质

无数的星体和星系组成了我们现在的宇宙。在宇宙诞生之时，暗物质这一拥有质量的物质的冷热，关系到宇宙未来会进化成什么样的形态。

现在的宇宙是哪种情况？

宇宙的大尺度结构是怎样形成的呢？目前，有关这一课题的计算机模拟研究可谓十分活跃。研究结果显示，当宇宙中以冷暗物质为主时，将出现与现在的宇宙类似的结果——星系汇聚成星系团，最终组成宇宙的大尺度结构。尽管我们还不太了解暗物质本身，不过可以推测的是，占据了暗物质中大部分的，是比较冷也就是比较重的基本粒子。

热暗物质塑造的宇宙

热暗物质是一种比较轻的基本粒子，就像中微子一样，运动也十分剧烈，所以需要有强大的引力才能将这样的粒子束缚在一起，这意味着它们无法组成星系团这样庞大的结构。

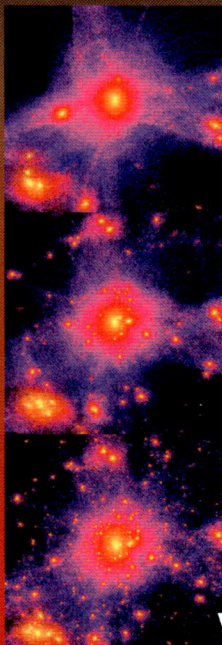

冷暗物质塑造的宇宙

冷暗物质是一种比较重的基本粒子，运动速度也更为缓慢，很容易在引力的作用下聚集在一起，最终能组成像星系这样的规模较小的结构。

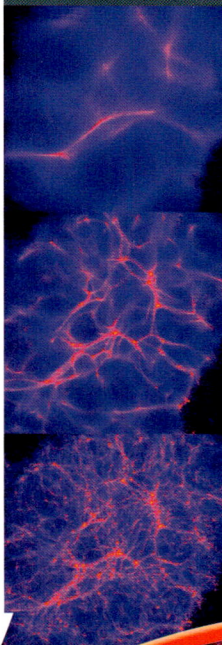

宇宙诞生47亿年后，已经清晰地显现出了巨洞*和泡状结构。

这是宇宙诞生137亿年后，也就是现在的状态。上图的中心集中了大量的暗物质。在实际的宇宙中，暗物质如此密集的区域，应该存在着巨大的星系团。

术语集 ◇巨洞：宇宙空间中几乎没有星系存在的区域。

139

暗能量与宇宙的未来

宇宙的未来是什么样的?

科学家发现,当今的宇宙正在加速膨胀。那么,未来宇宙还将这样膨胀下去吗?科学家还没有得出明确的结论。不过,通过引入暗能量的概念,我们就能对宇宙的未来作一番设想了。所谓暗能量,就是一种猜想中的与引力相反的,能使空间加速膨胀的能量。下面就让我们来了解一下宇宙未来的三种可能性吧。

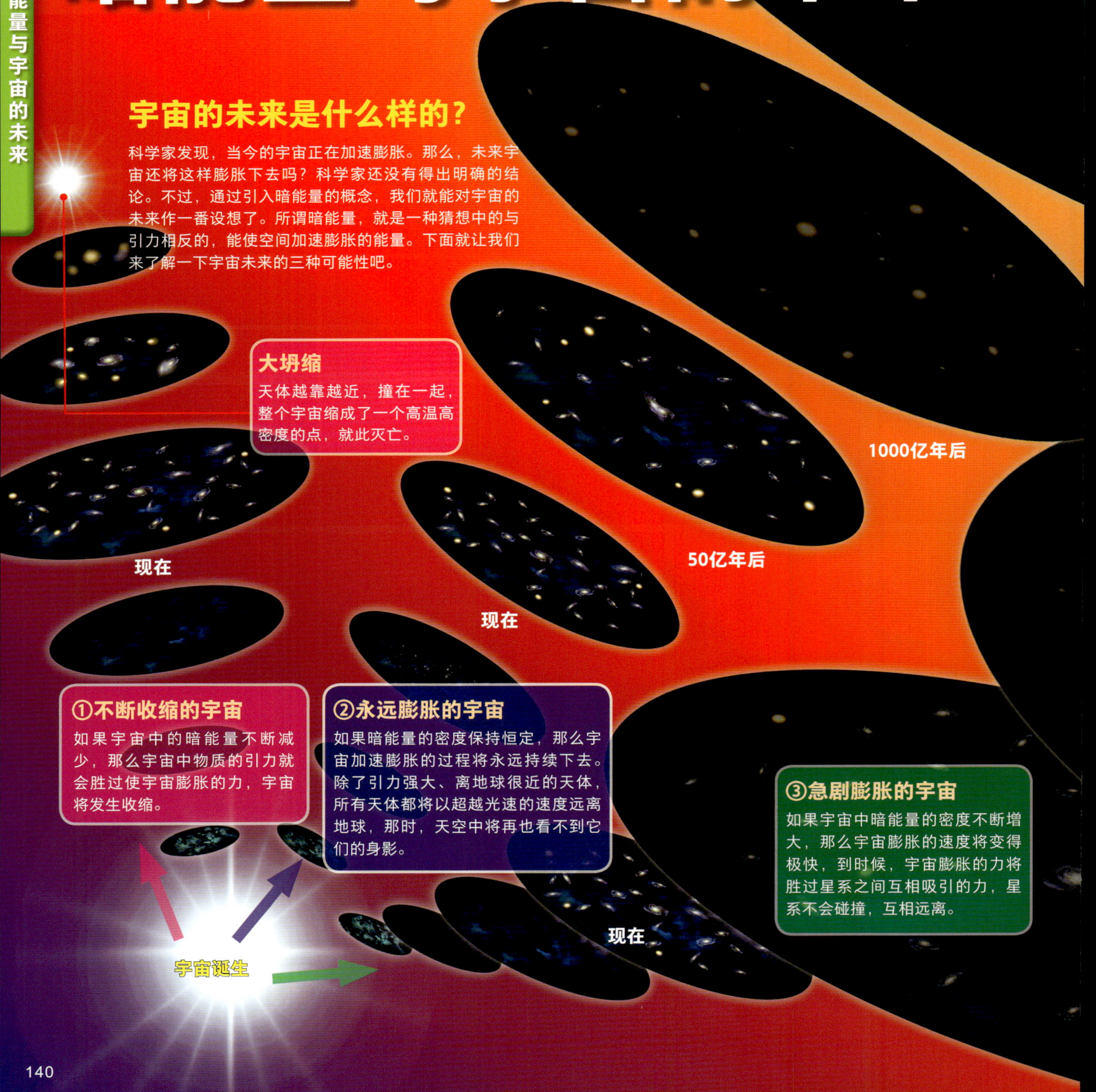

大坍缩

天体越靠越近,撞在一起,整个宇宙缩成了一个高温高密度的点,就此灭亡。

1000亿年后

50亿年后

现在

现在

①不断收缩的宇宙

如果宇宙中的暗能量不断减少,那么宇宙中物质的引力就会胜过使宇宙膨胀的力,宇宙将发生收缩。

②永远膨胀的宇宙

如果暗能量的密度保持恒定,那么宇宙加速膨胀的过程将永远持续下去。除了引力强大、离地球很近的天体,所有天体都将以超越光速的速度远离地球,那时,天空中将再也看不到它们的身影。

③急剧膨胀的宇宙

如果宇宙中暗能量的密度不断增大,那么宇宙膨胀的速度将变得极快,到时候,宇宙膨胀的力将胜过星系之间互相吸引的力,星系不会碰撞,互相远离。

宇宙诞生

现在

通过对宇宙孜孜不倦的观测和理论的研究，我们已经逐步揭开了宇宙的历史。那么，在从此往后的未来，宇宙又将如何演化呢？是会收缩，还是继续膨胀？解答这一问题的关键，就是充满了宇宙空间却又不可见的物质——暗物质*，以及促使宇宙不断膨胀的能量——暗能量。这种作用于宇宙的引力与能量的平衡，将决定宇宙未来的命运。

10^{100}年后

恒星停止形成

当产生恒星的材料——氢和氦在恒星内部发生核聚变反应，一点一点地被消耗直至殆尽之时，宇宙中就无法产生新的恒星了。这一阶段可能会在1,000,000亿年后到来。

1,000,000亿年后

大冷寂

量子理论*认为，在什么都没有的地方，会突然出现一对正粒子和反粒子*。当反粒子被黑洞吸入，而正粒子带着能量逃逸时，黑洞就会损失质量（蒸发）。在10^{100}年（1的后面100个0）后，黑洞将被慢慢蒸发殆尽，那时宇宙中就只剩下空间与基本粒子了。这就是大冷寂。

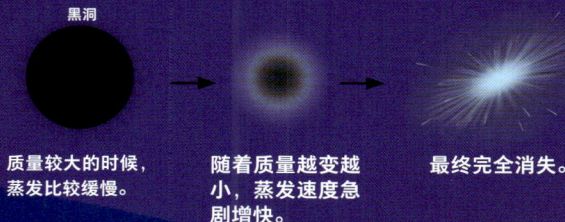

黑洞

质量较大的时候，蒸发比较缓慢。

随着质量越变越小，蒸发速度急剧增快。

最终完全消失。

大撕裂

宇宙发生惊人的膨胀，一切物质——大至星系，小至像我们人类这样的物体——都被撕裂成一个个分散的基本粒子，只剩下空间还在不断扩大。

正在被撕得四分五裂的星系。

也许宇宙不止一个?！

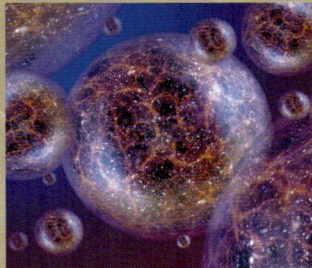

宇宙为什么会诞生？目前还没有确切的理论能回答这个问题。如果说，能量始终在"无"中游荡着，孕育了我们现在的宇宙的话，那么宇宙就有可能不止一个。除了我们居住的这个宇宙，说不定还存在着好几个其他的宇宙呢！这种观点被称为多重宇宙论。

我们只能看到宇宙的4%？

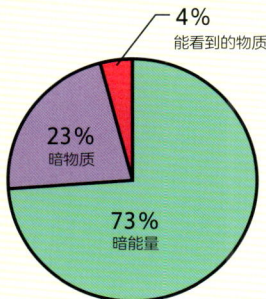

4%
能看到的物质

23%
暗物质

73%
暗能量

科学家根据宇宙背景辐射的微小扰动，可以测量出宇宙中有多少物质。目前的测定结果是，包含氢和氦在内的物质只占整个宇宙的4%，剩下的23%是暗物质，73%是暗能量。换句话说，96%的宇宙都是不可见的。

◇暗物质：一种遍布星系的无法观测到的物质，能对周围的物体施加引力。 ◇量子理论：物理学中的一种理论。

术语集　◇反粒子：与所对应的粒子具有相反性质的粒子。

第六章

航天工程

Space Engineering

人类在1961年初次飞向宇宙，迄今已过去50多年了。那时，苏联宇航员尤里·加加林乘坐宇宙飞船环绕地球一周，完成了世界上首次载人宇宙飞行。从那以后，人类一直没有停止探索宇宙的步伐，现在我们已经在宇宙中建起了巨大的国际空间站（ISS）。ISS是一个由多国参与的合作计划，大家齐心协力，共同拉开了人类在宇宙中生活的全新篇章。

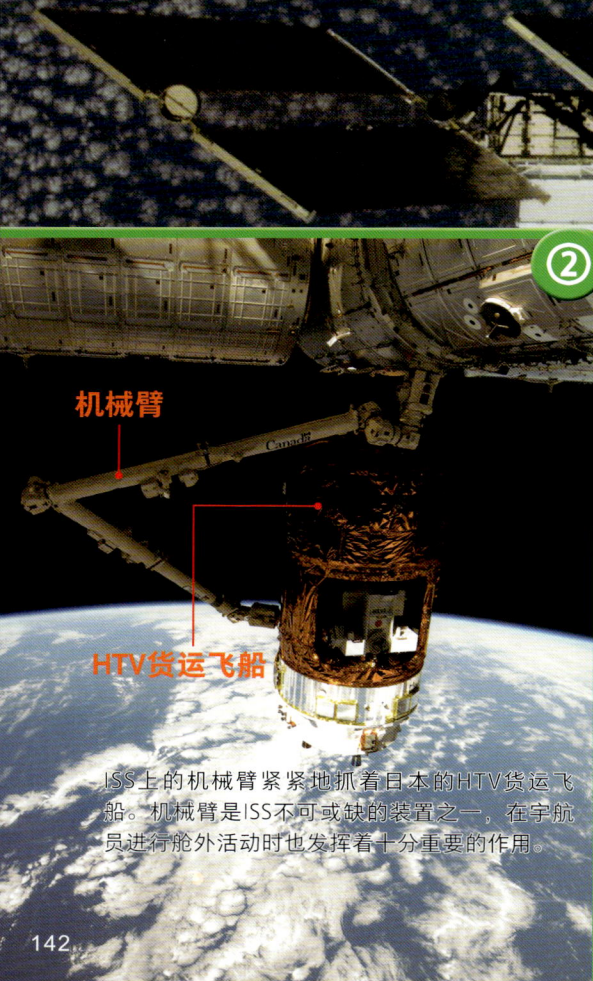

机械臂

HTV货运飞船

ISS上的机械臂紧紧地抓着日本的HTV货运飞船。机械臂是ISS不可或缺的装置之一，在宇航员进行舱外活动时也发挥着十分重要的作用。

② **机械臂**

哥伦布号实验舱
能进行各种科学实验，由欧洲各国建造。

③ **对接舱**

R2太空机器人
NASA为ISS研制的太空机器人。随着研发的进步，未来的宇宙中也许会活跃着一批有着各种各样功能的机器人。R2太空机器人正是它们的先驱，它将完成各种基础实验，为将来机器人的发展指明方向。

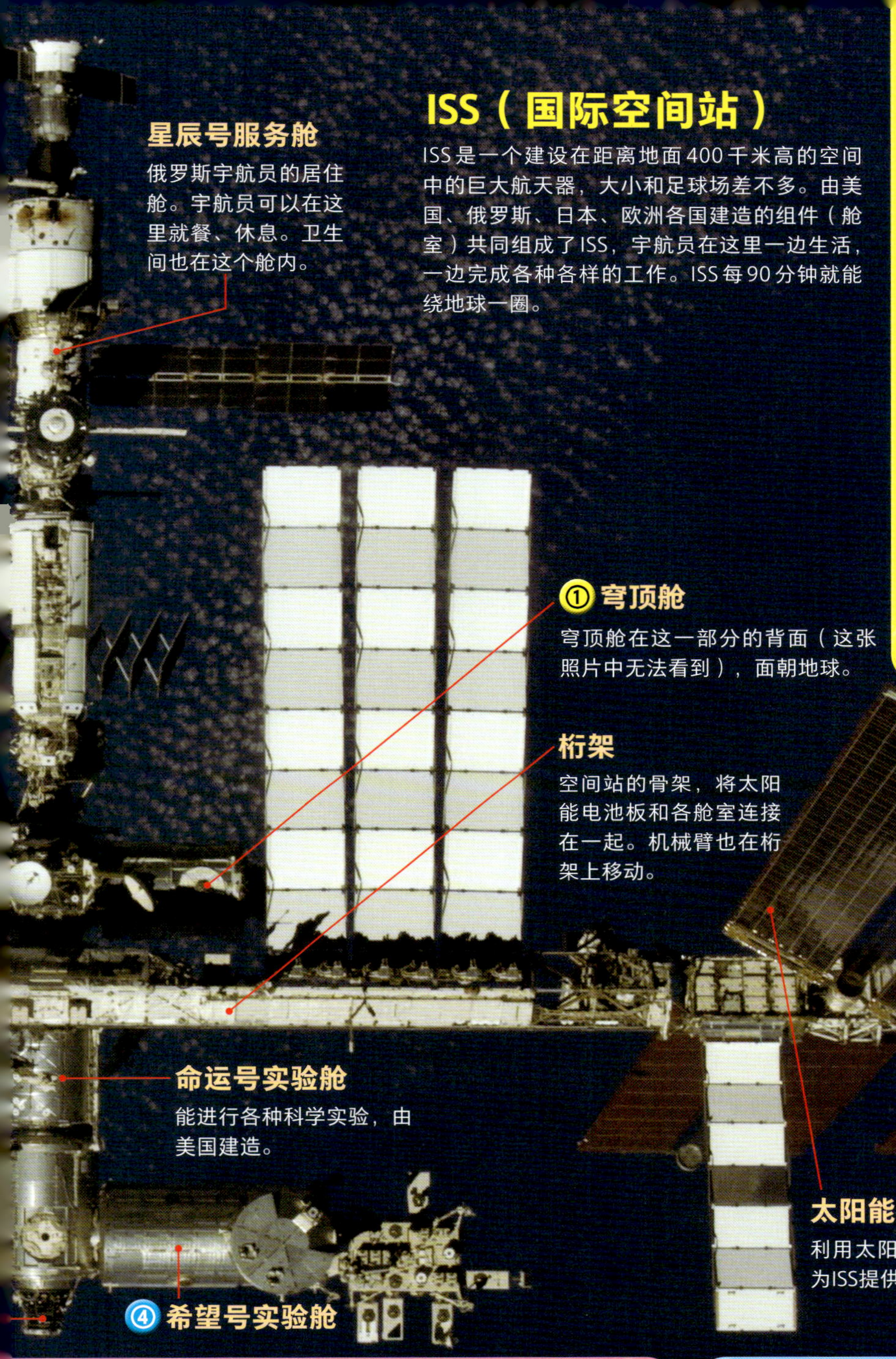

ISS（国际空间站）

ISS是一个建设在距离地面400千米高的空间中的巨大航天器，大小和足球场差不多。由美国、俄罗斯、日本、欧洲各国建造的组件（舱室）共同组成了ISS，宇航员在这里一边生活，一边完成各种各样的工作。ISS每90分钟就能绕地球一圈。

星辰号服务舱

俄罗斯宇航员的居住舱。宇航员可以在这里就餐、休息。卫生间也在这个舱内。

① 穹顶舱

穹顶舱在这一部分的背面（这张照片中无法看到），面朝地球。

穹顶舱

这里就是穹顶舱，舱内有操作ISS机械臂的装置。穹顶舱的结构就像一扇飘窗，由7个窗口组成。由于这里视野很好，是眺望地球的绝佳场所，所以大受宇航员们的欢迎。

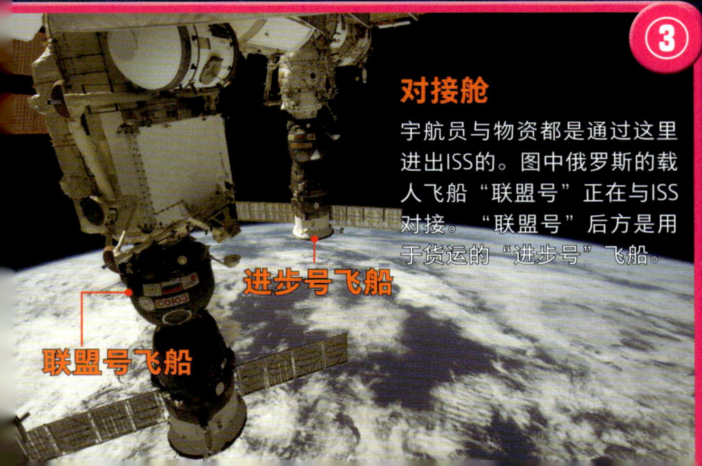

桁架

空间站的骨架，将太阳能电池板和各舱室连接在一起。机械臂也在桁架上移动。

命运号实验舱

能进行各种科学实验，由美国建造。

④ 希望号实验舱

太阳能电池板

利用太阳能发电的装置，为ISS提供电力支持。

散热板

将ISS内部多余的热量散至宇宙，使舱内温度保持舒适。

③ 对接舱

宇航员与物资都是通过这里进出ISS的。图中俄罗斯的载人飞船"联盟号"正在与ISS对接。"联盟号"后方是用于货运的"进步号"飞船。

联盟号飞船

进步号飞船

④ 希望号实验舱

由日本建造，是ISS上最大的实验舱。宇航员可以在这里进行各种科学实验。在舱内设置的各种实验装置中，其中一个是鱼缸，可以长期饲养鳉鱼。

"宇宙飞行士"

宇航员

渡部博士小讲堂！

目前，按照ISS的制度，有6名宇航员长期驻守在空间站内。说起宇航员（又称航天员）这个职业，恐怕是很多人的梦想，实际上他们在宇宙中的每一天都十分忙碌。他们的日程排得很满，不仅要执行科学实验、医学试验、地球观测等任务，还得维修空间站的设备，甚至打扫卫生。有的时候，宇航员还需要走出空间站，在宇宙中作业。为了胜任如此繁复的工作，他们需要先在地面上进行艰苦的训练才可以前往ISS赴任，在ISS工作大约半年之后，再和下一组宇航员换班。

航天服

宇航员在进行舱外活动时，需要穿戴一套配有生命保障系统的航天服。航天服总共14层，可保护宇航员免受真空、极端的高低温等恶劣环境的影响。

照明灯

在ISS上，每45分钟就会经历一次昼夜交替，所以宇航员在进行舱外活动时，必须配备照明设备。目前通用的照明设备是LED灯。

舱外活动与航天服

正在进行舱外活动的宇航员。

人类要在宇宙空间中进行作业，必须穿上航天服（舱外航天服）。究其原因，首先在于宇宙空间中没有空气，是完全的真空。其次，在宇宙中，太阳直射处的温度会超过100℃，而照不到太阳的地方则低于-100℃。因此，没有设计精巧的航天服的保护，宇航员根本无法在如此严酷的环境中工作。

生命保障系统

汇集了各种各样的装置。有的装置负责提供呼吸所必需的氧气，有的装置能吸收宇航员呼出的二氧化碳。

手套

为了能使手指自由活动，完成细致的操作，宇航员的手套经过了精心设计。这种由硅胶制成的手套可使双手感受到外界的压力。

宇宙与人

● 如何成为宇航员？ ●

刚返回地球的宇航员。

要想成为宇航员，必须先通过严格的选拔。其实，不仅是航天专业的人才，各行各业的人才都能成为宇航员。不管是哪个领域的知识，都有可能在宇宙中发挥作用。所以，想成为一名宇航员，最重要的就是找到一个喜欢的领域并努力钻研，然后再去思考怎样把钻研的成果应用到宇宙中去。

头盔

头盔前面的面窗由特殊的透明塑料制成。此外,面窗外罩的表面有一层金制的涂层,可以使照射进来的强烈的太阳光更为柔和。

饮水袋

及时补充水分对于长时间的舱外活动来说是很重要的。这种饮水袋可容纳621毫升饮用水。

在宇宙中生活

ISS上的宇航员也和我们一样,过着一天24小时的有规律生活。他们每天工作8小时,基本上每周六、周日休息。ISS上的一切都处于失重*状态,水在那里会像右图那样结成一个球,飘浮在空中。在这样特殊的环境中,要想做到地面上极其平常的行为,也是要花一番心思的。

锻炼

长时间处于失重的环境会使宇航员的肌肉和骨质变弱。为了避免这种情况发生,宇航员每天会进行两个小时的肌肉训练。

饮食

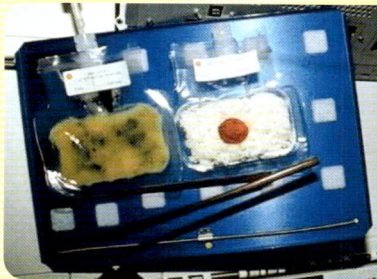

图为宇航员的便当。在宇宙中,为了防止食物四处飘浮,宇航员吃的都是不产生渣滓或固定在塑料容器中的饭菜。

睡眠

ISS上每个宇航员都有自己的隔间,用来睡觉休息。有的宇航员为了防止睡着了飘起来,会睡在固定在舱壁的睡袋中。

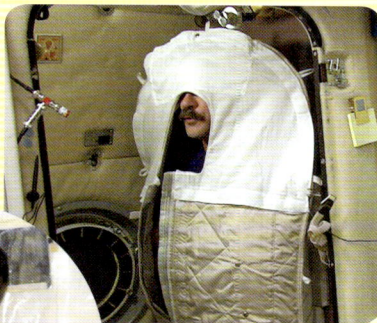

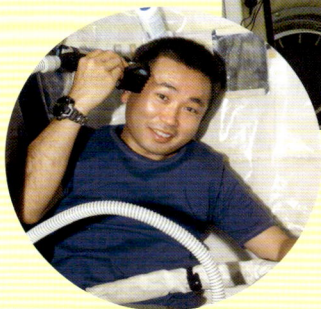

理发

在失重环境下理发,剪下来的头发会飘得到处都是,要是堵塞到仪器里就糟糕了。所以在宇宙中需要用有吸碎发功能的电动理发器。

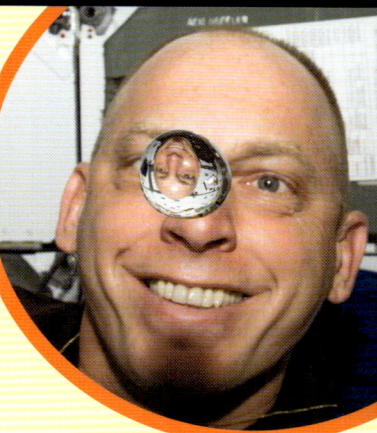

宇航员的训练

前往ISS工作前,宇航员需要事先接受各种各样的训练,下面就让我们来挑几个训练项目简要了解一下。除了以下项目,宇航员还会进行野外生存训练,学习宇宙科学、航天技术等专业内容。

失重训练

要在地面上模拟失重环境的确非常困难。宇航员的失重训练是在飞机上进行的。飞机上升到一定高度后把发动机关掉,可以造成25秒左右的失重状态。宇航员可以在这段时间里对失重有一个初步的体验。

舱外活动训练

宇航员在一个巨大的水池中进行舱外活动训练。水产生的浮力正好能抵消航天服大部分的重力,所以,在水下能很好地模拟宇宙中的失重状态。

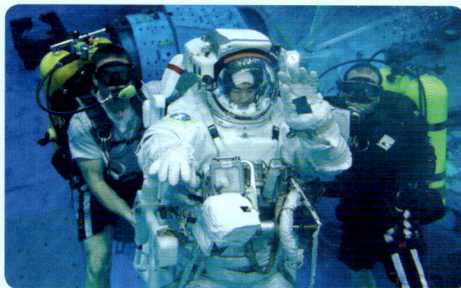

密闭环境训练

为适应ISS上的活动,宇航员需要参加名为NEEMO（NASA极限环境任务行动）的海底训练。他们将组成团队,共同在海面下20米的宝瓶座研究室中集训两周,提高自己的各项能力,以胜任ISS上的工作。

震天撼地，飞向宇宙！

世界各国的火箭

渡部博士小讲堂！

要想把人类、探测器或各种物资运出地球、送入宇宙，需要用到运载火箭。运载火箭的发动机能通过燃烧燃料产生惊人的推力。我们知道，飞机的发动机可以使用空气中的氧气来燃烧燃料，然而宇宙中是没有空气的，所以火箭就必须把氧化剂（作用和氧气一样）也一起携带着才行，因此，燃料箱和氧化剂箱占据了火箭的大部分体积。自火箭诞生以来，工程师不断开发出了更新、更高性能的型号，人类挑战宇宙的历史，其实也是火箭更新换代的历史。

图为"联盟号"运载火箭在哈萨克斯坦的拜科努尔航天中心发射，上面乘载了第7批前往ISS长期工作的宇航员。火箭先是缓缓起飞，然后逐步提速，强劲有力地飞向天空。

世界上的火箭

为了探索并开发宇宙，世界各国竞相研制了各种各样的火箭。有的火箭已经完成了使命，退出了历史舞台；有的还在不断进化，继续活跃在地球与宇宙之间。

土星5号

1967—1972年

高：111米
重：3039吨

联盟-FG

2001年至今

高：43—50米
重：305吨

将俄罗斯的"联盟号"飞船送入宇宙的运载火箭。基本上和当初加加林搭乘的火箭没有太大的区别，但是在经过历次改良之后性能得到了提升，目前的型号为FG。

美国为阿波罗计划开发的巨型运载火箭。它的顶端搭载了阿波罗宇宙飞船和登月舱。在"土星5号"火箭的帮助下，已有12名阿波罗宇航员完成了月球漫步。

质子号 1965年至今
高：66米 重：746吨

俄罗斯研发的大型火箭，用于将较重的物体送入太空，有很长的历史，现在仍在使用中。它在国际空间站的建设过程中发挥了重要作用。

长征二号 1974年至今
高：62米 重：464吨

中国为了发射人造卫星而研发的运载火箭。其中，将中国的载人飞船"神舟飞船"送入太空的是长征二号F运载火箭。

德尔塔2型 1989年至今
高：37—39米 重：232吨

美国研发的火箭，已经将很多人造卫星送入了太空。另外，NASA的火星探测器也是由它发射的。

阿丽亚娜5型 1996年至今
高：45—55米
重：745—750吨

阿丽亚娜5型运载火箭是欧洲研发的阿丽亚娜系列火箭中最为庞大的一个型号。它可以将重量很大的物体送上太空，还可以同时发射两颗静地轨道卫星。

H2A 2001年至今
高：53米 重：289吨

日本研制的火箭，主要用于发射人造卫星、向ISS运送补给物资等任务。它有四种型号，对应人造卫星的四种重量级别。

宇宙神5型 2002年至今
高：58米 重：335吨

宇宙神系列火箭的最新型号。这一系列已有很长的发射人造卫星的历史。本型号也是美国发射大型卫星的主力火箭之一。

德尔塔4型 2003年至今
高：63—72米 重：250—733吨

比宇宙神5型运载火箭更新的大型火箭。它拥有近乎完美的发射记录，几乎没有失败过。

天顶3F 2011年至今
高：60米 重：471吨

乌克兰的运载火箭，已将不少人造卫星送入宇宙。它是天顶系列火箭的最新型号，采用三级推进的模式。

走进H2B火箭的内部！

运载火箭大解剖

渡部博士小讲堂！

不管是飞往各个行星进行探索的探测器，还是让我们的生活更方便的人造卫星，它们都需要通过运载火箭的运送才能飞出地球，进入宇宙空间。本节将以日本制造的H2B运载火箭为例，深度介绍火箭内部的结构。

固体火箭助推器
（SRB-A）

H2B火箭上捆绑着4台助推器，起到了帮助主发动机的作用。这些助推器会在发射2分钟后与火箭主体分离。助推器使用的是固体燃料。

一级 主发动机
（LE-7A，两台）

两台LE-7A发动机捆在一起，这一型号的发动机也使用在H2A火箭上。要使两台强力的发动机同时燃烧工作，需要很高的技术。

H2B-3号火箭

这是由JAXA和三菱重工共同研发的运载火箭。1号火箭于2009年发射。3号火箭于2012年7月21日，搭载了向空间站提供补给的"HTV-3号"货运飞船，发射升空。

一级 液氢箱

这里存放着LE-7A发动机的燃料——液氢。

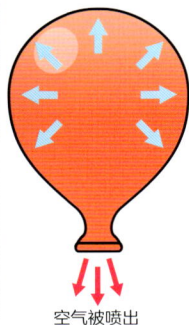

🇯🇵 **H2B** 2009年至今

重：531吨

全长56.5米

整流罩 15米

二级 11米

一级 38米

火箭升空的原理

反作用力

作用力

空气被喷出

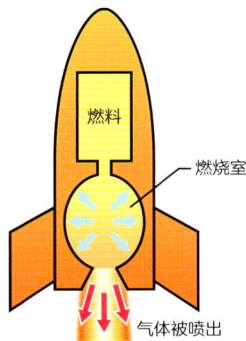

燃料

燃烧室

气体被喷出

把气球吹胀之后捏住吹嘴，然后突然松开，气球就会一边喷出气体，一边往天上蹿。火箭升空的原理也是一样的。火箭的发动机将燃料点燃，燃烧产生的气体向下喷出，这时还会产生一个与气体作用力的大小相等、方向相反的力（叫作反作用力），把火箭推向天空。

一级 液氧箱

氢燃烧时需要氧，所以火箭上也存储着液氧。

二级 液氢箱

二级 液氧箱

整流罩

（5S-H型）

位于火箭顶部，可保护"HTV-3号"飞船免受空气压力的影响。

HTV-3号飞船

（HTV-3）

这是一艘一般向ISS运送物资的无人货运飞船，装载着宇航员需要的食物、生活用品和一些实验器材。

二级 发动机

（LE-5B）

火箭升空约6分钟后，主发动机所在的第一级火箭完成了它的使命，被分离出去。然后第二级的发动机开始工作。

• 日本航天之父 •

日本的火箭事业始于丝川英夫。1954年，丝川英夫将各个领域的研究者召集到东京大学生产技术研究所，并在第二年研制出了日本首个火箭雏形——铅笔火箭。在那之后，他又参与了很多火箭的研发。正是丝川英夫为日本打开了航天事业的大门。

丝川英夫（1912—1999）与铅笔火箭。

H2B-3号火箭的发射

一、二级火箭分离
5分55秒

HTV-3号分离
14分53秒

整流罩分离
3分41秒

固体火箭助推器分离
2分8—10秒

发射!

2012年7月21日上午11时06分，在日本种子岛宇宙中心，搭载着"HTV-3号"货运飞船的H2B火箭发射升空了。

连接在ISS的机械臂（第142页）上的"HTV-3号"货运飞船。

宇宙飞船

宇宙飞船

渡部博士小讲堂！

宇宙中没有空气，有阳光照射的地方和阴影处的温差可超300℃。因此，装载着宇航员的载人宇宙飞船必须在这样严酷的宇宙环境中，保护宇航员不受伤害。同时，宇宙飞船作为一种用于移动的工具，还必须具有自由变换方向和飞行轨道的功能；对安全性的要求也更高，绝不允许那些危害宇航员生命的故障出现。可以说，宇宙飞船就是人类高端技术的结晶。

"联盟号"飞船可以搭乘3名宇航员。船舱内十分狭小，在宇航员面前有各种仪器。其中，画面近处的宇航员是船长，坐在最中间的席位，指挥飞船。坐在船长左侧的宇航员（画面远处的宇航员）则辅佐船长完成各种工作。

🇺🇸 航天飞机

1981—2011年

美国建造的一种带有机翼的宇宙飞船，能以滑翔的方式着陆，而且可以重复利用，多次往返于太空和地面之间。在其服役期间，航天飞机已经把500多名宇航员送往宇宙。

🇺🇸 猎户座飞船

2014年至今

NASA研发的最新的宇宙飞船。它是为远途飞行任务而设计的，可以去月球、小行星、火星等比地球轨道更远的地方。按照初步设计，飞往火星的"猎户座"飞船可搭载6名宇航员。

🇷🇺 联盟号飞船 1967年至今

已拥有40多年历史的俄罗斯宇宙飞船，随着时代的变迁经历了多次改进。目前，"联盟号"是唯一运送宇航员往返于地球和ISS之间的宇宙飞船。

联盟号 TMA型

在2002年至2011年间使用的"联盟号"型号，曾多次将宇航员运送至ISS。后来出现了对计算机系统等进行了改良的TMA-M型。2016年之后使用的型号是MS型。

世界上的宇宙飞船

人类对宇宙的开发已有50多年的历史，在这半个多世纪中，有各种各样的宇宙飞船被设计出来。即使是现在，我们对宇宙的憧憬也一如既往，探索宇宙的脚步将永不停歇。

东方号飞船
1961—1963年

苏联研制的第一代宇宙飞船。1961年，"东方1号"载着宇航员尤里·加加林完成了世界上首次载人宇宙飞行。后来又有5艘"东方号"飞船被送入宇宙。

水星号飞船
1961—1963年

美国研制的第一代宇宙飞船。艾伦·谢泼德乘坐这一飞船完成了美国第一次亚轨道飞行，而约翰·格伦则是美国第一位完成了地球轨道飞行的宇航员。

神舟飞船
1999年至今

"神舟"飞船是中国自主研制的宇宙飞船。2003年，神舟五号首次实现了载人飞行。2012年，神舟九号与实验用的天宫一号目标飞行器实施了交会对接。

太空旅行不是梦？！私人公司的宇宙飞船

乘坐私人公司的飞船前往太空旅行的时代离我们越来越近了。与此同时，NASA也计划在未来使用私人公司的宇宙飞船，向ISS运送宇航员和补给物资。今后，宇宙肯定会离我们越来越近！

太空船2号
维珍银河公司

面向民间太空旅行而开发的宇宙飞船。首先，它将搭乘母船"白骑士2号"飞到16千米的高空，然后再依靠自身的发动机到达110千米左右的高度。旅客可以享受约4分钟的宇宙遨游体验。

天鹅座飞船
美国轨道科学公司

它和日本的HTV飞船一样，是无人货运飞船。除了可以向ISS运送物资，它也可以将ISS的物资带回地球。

龙飞船
太空探索技术公司
2012年至今

从2012年5月开始向ISS运送货物的无人货运飞船。它会先凭借自身动力行驶到ISS附近，再由ISS的机械臂捕获。"龙飞船"本来是作为载人飞船来设计的，有望在将来实现载人任务，把宇航员送往ISS。

让我们的生活更加美好

人造卫星

渡部博士小讲堂！

人造卫星是一种由运载火箭送入太空，围绕着地球运行的航天器。现代人的生活离不开人造卫星传回来的各种各样的数据。截至2018年，有将近5000颗卫星在围绕地球的轨道上运行。

水滴号

水滴号观测卫星可以接收到从地面和海面发出的无线电波，长期对地球气候的变化、水循环等课题进行观测与研究。

导号

环绕地球运行的导航卫星，并且基本上一直位于日本的正上方。这组卫星可以准确地测定人或车辆的位置，将信号发送到导航仪或手机上。

瞳号（ASTRO-H）

由JAXA研制的搭载X射线望远镜（第92页）的人造卫星。它将对星系中心的巨大黑洞（第126页）进行观测，研究宇宙的演化历史。

Meteosat-10

ESA的气象卫星"Meteosat-10"能观测12种波长的光，对地球的气象进行详尽的监测。即使在黑暗中，它也能执行观测任务，它还能测量云的温度。

SDO号

全称为"太阳动力学观测台"，是NASA发射的用于观测太阳耀斑（第19页）等太阳活动的人造卫星。除了相关数据，还会把拍摄到的非常震撼的照片传回地球。

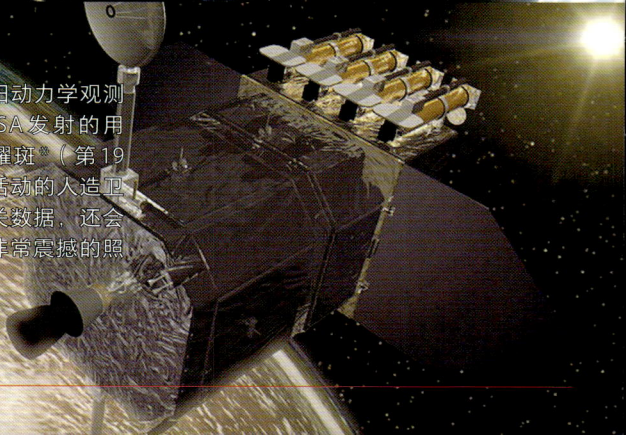

迈向未来的征程

新一代探测器

2010年以来，越来越多的探测器离开地球，向更远的太空展开了激动人心的冒险。这里就让我们来了解一下这些新一代空间探测器中引人注目的代表吧。

隼鸟2号

"隼鸟号"（第50页）的后续机型，同样由JAXA研发。这次"隼鸟2号"将前往龙宫小行星采集样本并带回地球。已于2014年12月发射升空，并于2018年6月到达龙宫。

圣杯号

由NASA于2011年9月发射的环绕月球（第36页）运行的探测器，共有两台。这两台探测器将对月球的重力、内部结构及中心内核的大小等课题进行探索。

朱诺号

NASA的木星（第54页）探测器，于2011年8月发射升空，2016年7月到达木星。目前仍在轨道上执行任务，为我们探索木星的大气构造、磁场、卫星等课题。

MAVEN号

由NASA发射的探究火星（第44页）大气失踪之谜的探测器，MAVEN是"火星大气与挥发物演化"的缩写。于2013年11月升空，2014年9月进入火星轨道。

曙光号

NASA的小行星探测器，分别于2011年7月与2015年3月先后进入了灶神星和谷神星的轨道，展开了探索，最终于2018年11月退役。

俄刻阿诺斯号

JAXA正在研发的太阳光帆，伊卡洛斯号的后续机型。这种像花朵一样盛开的太阳光帆能把太阳光的光压转化成前进的推力，因此不用担心燃料耗尽的问题。根据JAXA的最新计划，它将前往探测与木星共享轨道的特洛伊族小行星。

太阳系的大航海时代即将来临！

未来的宇宙开发①

渡部博士小讲堂！

过去，欧洲人在广阔的海洋上开辟了新航路，创造了激动人心的大航海时代。时过境迁，一个崭新的大航海时代——人类能在太阳系中自由移动的时代正在向我们招手。那时，人类将为了科学研究而往来于行星、卫星和小行星之间，对各种各样的资源进行开采和利用。本节就让我们一起来畅想一下未来的宇宙开发吧。

你想去哪里看看呢？

我想把宇宙飞船开到气态巨行星里面探索一下。

月球开发

图为月球（第36页）基地的一种想象。按照这个计划，我们可以把月面上的冰集中在某个利用撞击坑建造起来的装置中，然后照射太阳光使其融化，这样就能成为饮用水了。由于月球表面的温差很大，有害射线也非常强烈，所以人类会居住在月球的地下。

小行星开发

小行星（第50页）上可能存在着大量对人类非常有用的矿产。有一种计划是：在某个小行星上建立基地，然后再对周围的小行星进行资源探测与开采。

● 为登陆火星做准备！●

火星（第44页）上的气候既寒冷又干燥，和地球上的南极地区类似。为此，NASA选择了南极大陆上非常干燥的麦克默多干谷地区，在那里让工作人员穿着航天服进行各种活动，从而测试航天服的性能，研究改良的方法。

这张照片记录的是ESA进行的一项实验。实验设定火星之旅共需520天，其中地球和火星之间往返需要490天，还有30天是在火星上进行调查。照片中的宇航员正在宇宙飞船的模拟船舱中进行为期520天的全封闭训练。

火星开发

现在最受大家关注的热点，当数载人登陆火星的计划。为了能在2030年代实现这一目标，各种筹备正在紧锣密鼓地展开。

连接地球和宇宙的桥梁

未来的宇宙开发②

工作人员居住区

在静地轨道空间站工作的人员所居住的区域。

空间太阳能发电监视器

对太阳能发电的电量等项目进行监控。

实验舱

科研人员在失重环境中进行各种各样的科学实验，为未来科学技术的发展奠定基础。

货运港口

运送过来的货物将暂时存放在这里，然后再搬进空间站。

空间太阳能发电装置

在宇宙空间中把太阳光转换成能量的装置。

🛸 **渡部博士小讲堂！**

我想喜欢这本图鉴的读者，将来一定也想去宇宙中看看吧？然而，搭乘火箭去宇宙不仅需要高额的费用，而且效率不高，每次只能运送几个人。本节介绍的太空电梯就是一种更具性价比的选择，它的费用只有火箭方案的1/100，而且还能同时搭载许多人。听起来是不是很科幻？其实相关的研究已经在进行了。在这里，让我们来了解一下日本建筑公司大林组正在筹划的太空电梯，他们准备在2050年之前实现这个计划！

静地轨道空间站建在一个特殊的点上，在这里，旋转产生的离心力正好和地球的重力相抵。

月球

● ISS
● 静地轨道空间站
● 平衡锤

400km
100,000km
36,000km
380,000km

地球

156

地面基站

建设在赤道上的电梯入口。乘客们将从这里出发前往宇宙。

旅客停留舱

来到太空的旅客们将在这里短期停留。

静地轨道空间站

静地轨道空间站的计划规模是国际空间站的15倍左右，在宇宙中将是一个地标（或者说是"宇标"）式的存在。空间站中的每个区块可以供约50人居住，区块内的房间都设计为六边形，这种结构还是比较利于人们在失重状态下施展手脚的。

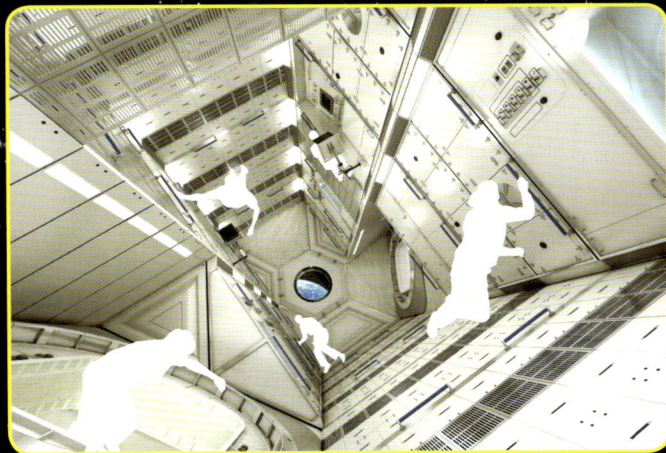

静地轨道空间站

这是静地轨道空间站内部的构想图。

可供30人乘坐的电梯

从地面基站出发，大约经过一星期的时间到达空间站。

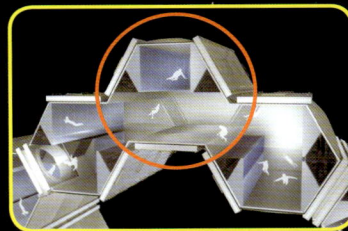

六边形的房间可相互连接，空间十分宽敞。

如何建造太空电梯

首先，向太空中发射一颗卫星，这颗卫星将一边朝地球下放缆绳，一边慢慢上升至离地面100,000千米的高空，成为太空电梯的一端，这一端叫作平衡锤。缆绳的另一端将连接起地球上的基站，也就是电梯的入口。静地轨道空间站将建设在缆绳中间距离地面36,000千米的地方。

※ 方案图片与详细内容由大林组有限公司提供。

未来的宇宙开发③

向宇宙移民

未来的宇宙开发③

渡部博士小讲堂！

倘若今后有一天，地球上人口增长过多，环境恶化，导致地球不再适合人类生存，我们该怎么办呢？解决办法之一就是向宇宙移民。要想在宇宙长期居住，关键是要充分利用有限的空间，保证电力、水和食物的供给。这里让我们来了解一下关于宇宙移民的一些设想，以及为此而展开的实验。

宇宙殖民地

一种悬浮在宇宙中的超巨型居住设施。它的整体结构就像一个甜甜圈，平时不停地旋转，以旋转产生的离心力来模拟地球上的重力，因此生活在里面就像生活在地球上一样。

内部的构想图

这是一幅宇宙殖民地内部的构想图。这里有鳞次栉比的建筑物，也有池塘与树木。或许今后我们在宇宙中，也能过上和地球上别无二致的生活。

● 为了太空中自给自足的生活 ●

要想长时间在太空中生活，我们必须要满足的一个条件就是自给自足。1991年，美国设计了一个完全封闭的空间"生物圈2号"，在里面进行了一项实验，测试我们能否只凭借事先准备好的材料，不从外界获取任何食物、水和空气，过上完全自给自足的生活。但是，因为各种各样的问题——如粮食不足，甚至是人际关系等问题，这项实验进行了不到两年就宣告终止。后来日本也进行了像这样在封闭空间内栽培植物、饲养动物，构建人工生态系统的实验，就在青森县的六所村。今后人类是否能成功地移民太空，其实取决于我们是否能人工构建出一个平衡稳定的环境。

生物圈2号的外观

生物圈2号的内部

那时会不会有对地球一无所知的孩子呢？

我想带他们去日本体验一下。

一览无余！

宇宙年表

天文学史

人类在很久以前，就对夜空中繁星的运动充满了好奇。古代的天文学家孜孜不倦地对天体的运行进行了细致的观测，后来随着望远镜的登场，天文学迎来了飞跃式的发展。近些年，人类在各种各样的观测设备的帮助下，对宇宙的起源和演化有了更新的认识。此外，自1961年尤里·加加林首次进入太空以来，空间站、航天飞机等项目相继登场，航天事业越来越繁荣。现在，就让我们回顾一下人类探索宇宙的脚步吧。

公元前20世纪	太阳历在埃及诞生，太阴历在两河流域诞生。
公元前4世纪	古希腊天文学家欧多克索斯提出了地心说，即"地球是宇宙的中心，所有天体都围绕地球旋转"的学说。
公元前3世纪	生活在埃及的古希腊天文学家厄拉多塞测定了地球的大小。
公元前2世纪	古希腊天文学家喜帕恰斯将恒星的亮度分成了六个等级。
150年	居住在亚历山大城的克罗狄斯·托勒密完成了地心说的基础著作《天文学大成》。
10—15世纪	天文学在伊斯兰世界迅速发展，出现了乌鲁伯格天文台等设施。
1543年	波兰天文学家尼古拉·哥白尼发表著作支持日心说，即"行星都是在圆形轨道上围绕着太阳旋转"的学说。
1609年	伽利略·伽利雷开始使用天文望远镜观察天体。
1609—1619年	德国天文学家约翰尼斯·开普勒发表了开普勒三大定律，包括"行星都是在椭圆轨道上运行"等内容。
1687年	英国物理学家艾萨克·牛顿发表了万有引力定律，即"一切物体之间都有互相吸引的力"的原理。
1905年	出生于德国的物理学家阿尔伯特·爱因斯坦发表了狭义相对论。
1927年	比利时天文学家乔治·勒梅特提出了宇宙始于一个点的假说，这是后来的大爆炸理论的基础。
1928年	国际天文学联合会（IAU）的前身组织制定了88个星座，并使用至今。
1929年	美国天文学家埃德温·哈勃发表了哈勃定律，认为宇宙正在膨胀。
1965年	美国的罗伯特·威尔逊和阿诺·彭齐亚斯发现了宇宙背景辐射，为大爆炸理论提供了坚实的证据。
1987年	日本天文学家小柴昌俊在大麦哲伦星云的超新星SN1987A中检测出了中微子。
1995年	瑞士的米歇尔·马约尔等研究者发现了第一颗系外行星。
2003年	天文学家计算出了宇宙诞生于137亿年前。
2006年	国际天文学联合会重新修订了行星、矮行星和小天体的分类。

支持日心说的哥白尼。

勒梅特建立了大爆炸理论的基础。

哈勃在威尔逊山天文台使用过的望远镜。

航天事件年表（至2012年）

年代	事件
13世纪	中国人将火药附在箭上，这种武器就叫"火箭"。这是世界上最早的火箭技术。
1379年	在当时的意大利内战中，人们开始使用像火箭一样的兵器"罗凯塔（rocchetta）"。
1926年	美国发明家罗伯特·戈达德成功发射了世界上第一枚使用液体燃料（汽油）的火箭。
1955年	日本的丝川英夫博士研制出了23厘米长的"铅笔火箭"并成功发射，这也是日本火箭事业的起点。
1957年	苏联发射了世界第一颗人造卫星"斯普特尼克1号"。
1961年	苏联宇航员尤里·加加林搭乘"东方1号"飞船，实现了人类的首次宇宙之旅。
1969年	美国的"阿波罗11号"登月成功，两名宇航员踏上月球表面。
1970年	日本成功发射兰姆达4型火箭，并将日本第一颗人造卫星"大隅号"送入太空。
1970年	苏联发射了"金星7号"探测器，首次在金星表面成功着陆。
1971年	苏联向宇宙发射了人类首个空间站——"礼炮1号"。三名宇航员在空间站工作了24天。
1977年	美国发射了"旅行者1号"和"旅行者2号"探测器，用于探测木星、土星等行星。目前这两个探测器正在往太阳系外飞去。
1981年	美国成功发射世界第一架航天飞机"哥伦比亚号"。
1990年	日本记者秋山丰宽搭乘苏联的"联盟TM-11号"宇宙飞船前往太空，并在和平号空间站内停留了8天。
1992年	日本宇航员毛利卫搭乘"奋进号"航天飞机，开启了日本宇航员乘坐航天飞机进入宇宙的时代。
1998年	由世界多国参与的ISS开始建设。
2001年	日本开发的H2A运载火箭首飞成功。
2004年	NASA的火星探测车"勇气号"和"机遇号"在火星成功着陆，随后发现了火星曾经有海的证据。
2005年	NASA和ESA共同研发的探测器"惠更斯号"在土卫六成功着陆。
2010年	日本发射的"隼鸟号"探测器带着丝川小行星的微粒样本返回地球。
2011年	国际空间站基本建成。航天飞机退役。
2012年	美国研发的"好奇号"火星探测车在火星成功着陆。

罗伯特·戈达德和世界上第一枚液体火箭。

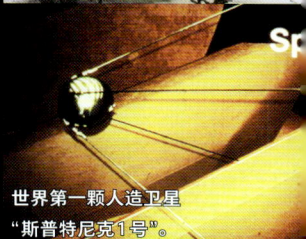

世界第一颗人造卫星"斯普特尼克1号"。

第一个进入太空的地球人尤里·加加林。

阿波罗计划成功实施，人类首次登月。

"旅行者1号"探测器升空。

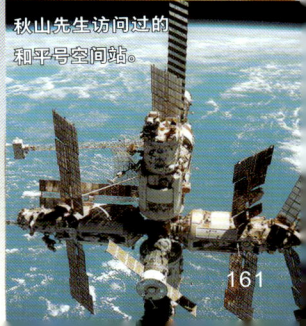

秋山先生访问过的和平号空间站。

索　引

10月天龙座流星雨　October Draconids	84	
2微米全天巡视　Two Micron All-Sky Survey (2MASS)	90	
3C 66B	129	
Abell 1689	130	
ALMA（阿塔卡马大型毫米波/亚毫米波阵列）　Atacama Large Millimeter/submillimeter Array	88	
Arp 147	125	
Arp（特殊星系图集）　Atlas of Peculiar Galaxies	125	
AU（天文单位）　astronomical unit	14	
CME（日冕物质抛射）　coronal mass ejection	20	
ELT（极大望远镜）　Extremely Large Telescope	95	
EPOXI号空间探测器　Extrasolar Planet Observation and Deep Impact Extended Investigation	71	
ESA（欧洲航天局）　European Space Agency	4	
GJ 1214b	116	
GMT（巨麦哲伦望远镜）　Giant Magellan Telescope	95	
GRB 090429B	93	
H2A运载火箭　H-IIA launch vehicle	147	
H2B运载火箭　H-IIB launch vehicle	148	
HALCA（哈尔卡实验室）　Highly Advanced Laboratory for Communications and Astronomy	89	
HD（亨利·德雷伯星表）　Henry Draper Catalogue	125	
HD 172555	116	
HD 209458b	116	
HTV货运飞船　H-II Transfer Vehicle	142	
IAU（国际天文学联合会）　International Astronomical Union	68	
IC 1613	123	
ISON（国际光学监测网）　International Scientific Optical Network	2	
ISS（国际空间站）　International Space Station	29	
JAXA（日本航天局）　Japan Aerospace Exploration Agency	23	
JWST（詹姆斯·韦伯空间望远镜）　James Webb Space Telescope	95	
LBT（LBT大型双筒望远镜）　Large Binocular Telescope	87	
LIGO（激光干涉引力波观测台）　Laser Interferometer Gravitational-Wave Observatory	93	
M（梅西叶星云星团表）　Messier Catalogue (Catalogue of Nebulae and Star Clusters)	125	
M13	111	
M87 (NGC 4486)	124	
MAVEN号火星探测器　Mars Atmosphere and Volatile Evolution	153	
Meteosat-10气象卫星　Meteosat-10	152	
N49	104	
NASA（美国国家航空航天局）　National Aeronautics and Space Administration	2	
NEEMO（NASA极限环境任务行动）　NASA Extreme Environment Mission Operations	145	
NGC 1300	125	
NGC 147	123	
NGC 185	123	
NGC 1999	91	
NGC 3603	110	
NGC 4038	125	
NGC 4039	125	
NGC 4414	125	
NGC 5866	124	
NGC 6726	113	
NGC 6727	113	
NGC 6822	123	
NGC（星云星团新总表）　New General Catalogue of Nebulae and Clusters of Stars	125	
R2太空机器人　Robonaut 2	142	
SDO观测卫星（太阳动力学观测台）　Solar Dynamics Observatory	152	
Sh2-284	91	
SKA（平方千米阵列）　Square Kilometre Array	94	
SPICA（宇宙学和天体物理空间红外望远镜）　Space Infrared Telescope for Cosmology and Astrophysics	95	
SPT（SPT南极点望远镜）　South Pole Telescope	89	
TMT（30米望远镜）　Thirty Meter Telescope	95	
VLT（甚大望远镜）　Very Large Telescope	87	
W5	102	
WISE（广域红外巡天探测者）　Wide-field Infrared Survey Explorer	91	
WMAP（威尔金森微波各向异性探测器）　Wilkinson Microwave Anisotropy Probe	137	
X射线　X-ray	17	
阿波罗11号飞船　Apollo 11	39	
阿波罗环形山　Apollo Crater	37	
阿波罗计划　Apollo program	38	
阿尔伯特·爱因斯坦　Albert Einstein	131	
阿佛洛狄忒台地　Aphrodite Terra	26	
阿基米德环形山　Archimedes Crater	37	
阿丽亚娜5型运载火箭　Ariane 5 launch vehicle	147	
阿诺·彭齐亚斯　Arno Allan Penzias	137	
埃德温·哈勃　Edwin Hubble	124	
埃奇沃斯-柯伊伯带　Edgeworth-Kuiper belt	69	
矮星系　dwarf galaxy	123	
矮行星　dwarf planet	69	
艾达　243 Ida	53	
艾伦·谢泼德　Alan Shepard	151	
艾萨克·牛顿　Isaac Newton	41	

艾森彗星　Comet ISON (C/2012 S1) ⋯⋯⋯⋯⋯ 2
艾卫　Dactyl ⋯⋯⋯⋯⋯ 53
爱因斯坦环　Einstein ring ⋯⋯⋯⋯⋯ 131
安德烈亚斯·塞拉里乌斯　Andreas Cellarius ⋯⋯⋯⋯⋯ 33
暗能量　dark energy ⋯⋯⋯⋯⋯ 140
暗能量相机　Dark Energy Camera ⋯⋯⋯⋯⋯ 5
暗物质　dark matter ⋯⋯⋯⋯⋯ 138
暗星云　dark nebula ⋯⋯⋯⋯⋯ 113
奥本海默环形山　Oppenheimer Crater ⋯⋯⋯⋯⋯ 37
奥尔特云　Oort cloud ⋯⋯⋯⋯⋯ 73
奥里里亚　Aurelia ⋯⋯⋯⋯⋯ 117
奥林匹斯火山　Olympus Mons ⋯⋯⋯⋯⋯ 45
巴林杰陨星坑　Barringer Crater ⋯⋯⋯⋯⋯ 52
巴纳德68　Barnard 68 ⋯⋯⋯⋯⋯ 113
巴兹·奥尔德林　Buzz Aldrin ⋯⋯⋯⋯⋯ 38
白矮星　white dwarf ⋯⋯⋯⋯⋯ 99
白骑士2号运载飞机　WhiteKnightTwo aircraft ⋯⋯⋯⋯⋯ 151
白羊座　Aries ⋯⋯⋯⋯⋯ 84
百武彗星　Comet Hyakutake (C/1996 B2) ⋯⋯⋯⋯⋯ 72
拜科努尔航天中心　Baikonur Cosmodrome ⋯⋯⋯⋯⋯ 146
板块　plate ⋯⋯⋯⋯⋯ 30
半人马射电源A　Centaurus A ⋯⋯⋯⋯⋯ 127
半人马座　Centaurus ⋯⋯⋯⋯⋯ 82
半人马座α星（南门二）　α Centauri (Rigil Kent) ⋯⋯⋯⋯⋯ 132
半人马座ω星团　Omega Centauri (ω Cen or NGC 5139) ⋯⋯⋯⋯⋯ 111
伴星　companion star ⋯⋯⋯⋯⋯ 97
棒旋星系　barred spiral galaxy ⋯⋯⋯⋯⋯ 124
宝瓶座　Aquarius ⋯⋯⋯⋯⋯ 83
宝瓶座η流星雨　Eta Aquariids ⋯⋯⋯⋯⋯ 82
暴胀　inflation ⋯⋯⋯⋯⋯ 136
北斗六（开阳）　Mizar ⋯⋯⋯⋯⋯ 82
北斗七星　Big Dipper ⋯⋯⋯⋯⋯ 82
北河二　Castor ⋯⋯⋯⋯⋯ 108
北河三　Pollux ⋯⋯⋯⋯⋯ 82
北落师门　Fomalhaut ⋯⋯⋯⋯⋯ 83
北冕座　Corona Borealis ⋯⋯⋯⋯⋯ 82
贝比科隆博号水星探测器　BepiColombo ⋯⋯⋯⋯⋯ 23
本轮　epicycle ⋯⋯⋯⋯⋯ 33
本星系群　Local Group ⋯⋯⋯⋯⋯ 122
比邻星　Proxima Centauri ⋯⋯⋯⋯⋯ 97
毕星团　Hyades ⋯⋯⋯⋯⋯ 84
毕宿五　Aldebaran ⋯⋯⋯⋯⋯ 98
变星　variable star ⋯⋯⋯⋯⋯ 109
标记物　target marker ⋯⋯⋯⋯⋯ 50
冰质巨行星　ice giant ⋯⋯⋯⋯⋯ 15
冰质行星　icy planet ⋯⋯⋯⋯⋯ 75
波江座　Eridanus ⋯⋯⋯⋯⋯ 84
柏拉图环形山　Plato Crater ⋯⋯⋯⋯⋯ 37
不规则卫星　irregular satellite ⋯⋯⋯⋯⋯ 63
不规则星系　irregular galaxy ⋯⋯⋯⋯⋯ 125
舱外活动　extravehicular activity ⋯⋯⋯⋯⋯ 144
豺狼座　Lupus ⋯⋯⋯⋯⋯ 82
长蛇座　Hydra ⋯⋯⋯⋯⋯ 82
长征二号运载火箭　Long March 2 launch vehicle ⋯⋯⋯⋯⋯ 147
常陈一　Cor Caroli ⋯⋯⋯⋯⋯ 82

超大质量黑洞　supermassive black hole ⋯⋯⋯⋯⋯ 126
超级地球　super-Earth ⋯⋯⋯⋯⋯ 116
超级神冈中微子探测器　Super-Kamioka Neutrino Detection Experiment (Super-Kamiokande) ⋯⋯⋯⋯⋯ 93
超级耀斑　super flare ⋯⋯⋯⋯⋯ 20
超冷地幔柱　cold superplume ⋯⋯⋯⋯⋯ 31
超热地幔柱　hot superplume ⋯⋯⋯⋯⋯ 31
超新星爆发　supernova explosion ⋯⋯⋯⋯⋯ 104
超新星遗迹　supernova remnant ⋯⋯⋯⋯⋯ 104
超星系团　supercluster ⋯⋯⋯⋯⋯ 131
潮汐力　tidal force ⋯⋯⋯⋯⋯ 40
尘埃彗尾　dust tail ⋯⋯⋯⋯⋯ 70
尘暴　dust storm ⋯⋯⋯⋯⋯ 47
尘卷风　dust devil ⋯⋯⋯⋯⋯ 47
澄海　Mare Serenitatis ⋯⋯⋯⋯⋯ 37
冲击波　shock wave ⋯⋯⋯⋯⋯ 74
刍藁增二　Mira ⋯⋯⋯⋯⋯ 109
触须星系　Antennae Galaxies (NGC 4038/NGC 4039) ⋯⋯⋯⋯⋯ 125
船底座　Carina ⋯⋯⋯⋯⋯ 85
船底座η星云　Eta Carinae Nebula (NGC 3372) ⋯⋯⋯⋯⋯ 112
船底座矮星系　Carina Dwarf ⋯⋯⋯⋯⋯ 123
船帆座　Vela ⋯⋯⋯⋯⋯ 82
船尾座　Puppis ⋯⋯⋯⋯⋯ 82
春季大曲线　Spring Curve ⋯⋯⋯⋯⋯ 82
磁暴　magnetic storm ⋯⋯⋯⋯⋯ 20
磁层　magnetosphere ⋯⋯⋯⋯⋯ 21
磁场　magnetic field ⋯⋯⋯⋯⋯ 30
磁感线　magnetic field lines ⋯⋯⋯⋯⋯ 18
刺激扇　Stinger Fan ⋯⋯⋯⋯⋯ 117
达朗贝尔环形山　d'Alembert crater ⋯⋯⋯⋯⋯ 37
大暗斑　Great Dark Spot ⋯⋯⋯⋯⋯ 66
大爆炸　Big Bang ⋯⋯⋯⋯⋯ 136
大红斑　Great Red Spot ⋯⋯⋯⋯⋯ 55
大角星　Arcturus ⋯⋯⋯⋯⋯ 82
大距　greatest elongation ⋯⋯⋯⋯⋯ 27
大冷寂　Big Chill ⋯⋯⋯⋯⋯ 141
大陵五　Algol ⋯⋯⋯⋯⋯ 82
大麦哲伦云　Large Magellanic Cloud (LMC) ⋯⋯⋯⋯⋯ 123
大碰撞假说　giant-impact hypothesis ⋯⋯⋯⋯⋯ 35
大气　atmosphere ⋯⋯⋯⋯⋯ 16
大犬座　Canis Major ⋯⋯⋯⋯⋯ 82
大犬座VY　VY Canis Majoris ⋯⋯⋯⋯⋯ 99
大撕裂　Big Rip ⋯⋯⋯⋯⋯ 141
大坍缩　Big Crunch ⋯⋯⋯⋯⋯ 140
大峡谷　Grand Canyon ⋯⋯⋯⋯⋯ 45
大熊座　Ursa Major ⋯⋯⋯⋯⋯ 82
大隅号　Ohsumi ⋯⋯⋯⋯⋯ 160
导号准天顶卫星　Quasi-Zenith Satellite ⋯⋯⋯⋯⋯ 152
德尔塔2型运载火箭　Delta II launch vehicle ⋯⋯⋯⋯⋯ 147
德尔塔4型运载火箭　Delta IV launch vehicle ⋯⋯⋯⋯⋯ 147
登月舱　lunar module ⋯⋯⋯⋯⋯ 39
等离子体　plasma ⋯⋯⋯⋯⋯ 20
低潮　low water ⋯⋯⋯⋯⋯ 40
地层　stratum ⋯⋯⋯⋯⋯ 45
地出　Earthrise ⋯⋯⋯⋯⋯ 38

地壳变动　diastrophism ･･････････････ 65
地球　Earth ････････････････････････ 28
地心说　geocentrism ･･･････････････ 33
第二地球　Earth analog ･･･････････ 114
第一代恒星　first star ･･････････････ 137
电磁波　electromagnetic wave ･･････ 79
雕具座　Caelum ･･････････････････ 85
东方号飞船　Vostok spacecraft ･････ 151
冬季大三角　Winter Triangle ･･･････ 85
冬季六边形　Winter Hexagon ･･････ 85
杜鹃座　Tucana ･･････････････････ 84
对接舱　docking module ･･････････ 143
对流层（太阳内部）　convection zone ･･ 17
对流层（地球大气）　troposphere ･･ 29
盾牌座　Scutum ･･････････････････ 83
多普勒效应　Doppler effect ･･･････ 117
多重宇宙　multiverse ･･････････････ 141
俄刻阿诺斯号太阳光帆　OKEANOS ･ 153
厄拉多塞　Eratosthenes of Cyrene ･ 161
恩克彗星　Comet Encke (2P/Encke) ･ 72
发射星云　emission nebula ･･･････ 112
反粒子　antiparticle ･･････････････ 141
反射式望远镜　reflecting telescope ･ 81
反射星云　reflection nebula ･･････ 113
飞马座　Pegasus ････････････････ 83
菲莱号着陆器　Philae lander ･･････ 71
费雷尔环流　Ferrel cell ･･････････ 31
奋进号航天飞机　Endeavour ･･････ 160
丰富海　Mare Fecunditatis ･･･････ 37
风暴洋　Oceanus Procellarum ････ 37
凤凰号火星探测器　Phoenix ･･････ 49
凤凰座　Phoenix ････････････････ 84
拂晓号金星探测器　Akatsuki ･･････ 25
服务舱　service module ･･････････ 39
辐射点　radiant ････････････････ 71
辐射区　radiation zone ･･････････ 17
伽马射线（γ射线）　gamma ray ･･ 104
伽马射线暴　gamma-ray burst ････ 93
橄榄岩　peridotite ･･････････････ 31
高潮　high water ･･･････････････ 40
高空急流　jet stream ･･･････････ 30
哥白尼环形山　Copernicus Crater ･ 37
哥伦比亚号航天飞机　Columbia ･･ 160
哥伦布号实验舱　Columbus ･････ 142
格雷厄姆山　Mount Graham ･･･････ 87
格利泽229B　Gliese 229B ･･･････ 99
格利泽581　Gliese 581 ･･･････ 114
格利泽710　Gliese 710 ･･･････ 73
弓形激波　bow shock ･･･････････ 72
公转　revolution ･･･････････････ 22
勾陈一（北极星）　Polaris ･･･････ 82
谷神星　Ceres ･････････････････ 53
观测卫星　observation satellite ･･ 16
管虫　tube worm ･･･････････････ 59
光斑　facula ･･･････････････････ 16

光合作用　photosynthesis ･････････ 29
光亮号空间望远镜　Akari (ASTRO-F) ･ 90
光年　light year ･････････････････ 93
光球层　photosphere ･･･････････ 17
光学望远镜　optical telescope ･･･ 95
规则卫星　regular satellite ･･･････ 63
轨道飞行　orbital spaceflight ･･･ 151
轨道科学公司　Orbital Sciences Corporation ･ 151
鬼星团　Praesepe ･･･････････････ 82
国际光学监测网（ISON）　International Scientific Optical
　Network ･････････････････････ 2
国际空间站（ISS）　International Space Station ･ 29
国际天文学联合会（IAU）　International Astronomical Union ･ 68
哈勃分类　Hubble classification ･･ 124
哈勃极深场　Hubble Ultra-Deep Field ･ 79
哈勃空间望远镜　Hubble Space Telescope (HST) ･ 78
哈得来环流　Hadley cell ･･･････ 31
哈尔卡实验室　Highly Advanced Laboratory for
　Communications and Astronomy (HALCA) ･ 89
哈雷彗星　Halley's comet (1P/Halley) ･ 72
哈特利2号彗星　Comet Hartley 2 (103P/Hartley) ･ 71
海盗1号火星探测器　Viking 1 ･･ 48
海盗2号火星探测器　Viking 2 ･･ 46
海底烟囱　submarine chimney ･･ 59
海蛾鱼星云　Dragonfish Nebula ･ 90
海尔-波普彗星　Comet Hale-Bopp (C/1995 O1) ･ 70
海山二（船底座η星）　η Carinae ･････ 4
海豚座　Delphinus ･･････････････ 83
海外天体　trans-Neptunian object ･ 68
海王星　Neptune ･･･････････････ 66
海卫八　Proteus ･･･････････････ 67
海卫一　Triton ･･･････････････ 67
亥维赛环形山　Heaviside crater ･ 37
航天飞机　Space Shuttle ･･･････ 150
航天服　space suit ･･･････････ 144
好奇号火星车　Curiosity ･･･････ 49
和平号空间站　Mir ･･･････････ 160
河鼓二（牛郎星）　Altair ･･･････ 132
核反应区　solar core ･･･････････ 17
核聚变　nuclear fusion ･･･････ 17
核球　bulge ･････････････････ 120
赫比格-阿罗天体　Herbig-Haro object ･ 103
赫罗图　Hertzsprung-Russell diagram ･ 99
赫歇尔空间天文台　Herschel Space Observatory (HSO) ･ 91
褐矮星　brown dwarf ･･･････････ 99
黑矮星　black dwarf ･･･････････ 101
黑洞　black hole ･･･････････････ 106
恒星　star ･････････････････････ 96
恒星系统　star system ･･･････････ 108
恒星形成区　star-forming region ･ 90
恒星云　star cloud ･･･････････････ 97
桁架　truss ･･･････････････････ 143
红矮星　red dwarf ･･･････････ 114
红超巨星　red supergiant star ･ 98
红巨星　red giant ･･･････････ 98

红色精灵　sprite ⋯⋯⋯⋯⋯⋯⋯⋯⋯⋯⋯ 29
红外线　infrared ray ⋯⋯⋯⋯⋯⋯⋯⋯⋯ 79
红移　redshift ⋯⋯⋯⋯⋯⋯⋯⋯⋯⋯⋯⋯ 132
后发座　Coma Berenices ⋯⋯⋯⋯⋯⋯⋯ 82
后发座星系团　Coma Cluster (Abell 1656) 133
狐狸座　Vulpecula ⋯⋯⋯⋯⋯⋯⋯⋯⋯⋯ 82
黄道　ecliptic ⋯⋯⋯⋯⋯⋯⋯⋯⋯⋯⋯⋯ 82
辉夜号月球探测器　Kaguya (SELENE) ⋯ 36
绘架座　Pictor ⋯⋯⋯⋯⋯⋯⋯⋯⋯⋯⋯⋯ 85
彗发　coma ⋯⋯⋯⋯⋯⋯⋯⋯⋯⋯⋯⋯⋯ 70
彗核　comet nucleus ⋯⋯⋯⋯⋯⋯⋯⋯⋯ 70
彗星　comet ⋯⋯⋯⋯⋯⋯⋯⋯⋯⋯⋯⋯ 70
惠更斯号着陆器　Huygens lander ⋯⋯⋯ 62
婚神星　3 Juno ⋯⋯⋯⋯⋯⋯⋯⋯⋯⋯⋯ 53
活动星系　active galaxy ⋯⋯⋯⋯⋯⋯⋯ 126
活动星系核　active galactic nucleus ⋯⋯ 92
火箭　rocket ⋯⋯⋯⋯⋯⋯⋯⋯⋯⋯⋯⋯ 146
火卫二　Deimos (Mars II) ⋯⋯⋯⋯⋯⋯ 44
火卫一　Phobos (Mars I) ⋯⋯⋯⋯⋯⋯ 44
火星　Mars ⋯⋯⋯⋯⋯⋯⋯⋯⋯⋯⋯⋯⋯ 44
火星奥德赛号探测器　2001 Mars Odyssey 49
火星观测者号探测器　Mars Observer ⋯ 48
火星环球勘测者号探测器　Mars Global Surveyor 49
火星勘测轨道飞行器　Mars Reconnaissance Orbiter 49
火星快车号探测器　Mars Express ⋯⋯ 49
机械臂　robotic arm ⋯⋯⋯⋯⋯⋯⋯⋯ 142
机遇号火星车　Opportunity ⋯⋯⋯⋯⋯ 48
唧筒座　Antlia ⋯⋯⋯⋯⋯⋯⋯⋯⋯⋯⋯ 82
基本粒子　elementary particle ⋯⋯⋯⋯ 134
基勒环形山　Keeler Crater ⋯⋯⋯⋯⋯ 37
激光导星　laser guide star ⋯⋯⋯⋯⋯ 29
吉祥天女高原　Lakshmi Planum ⋯⋯⋯ 26
极地环流　polar cell ⋯⋯⋯⋯⋯⋯⋯⋯ 31
极冠　polar cap ⋯⋯⋯⋯⋯⋯⋯⋯⋯⋯ 46
极光　aurora ⋯⋯⋯⋯⋯⋯⋯⋯⋯⋯⋯⋯ 21
加加林环形山　Gagarin Crater ⋯⋯⋯⋯ 37
加斯普拉　951 Gaspra ⋯⋯⋯⋯⋯⋯⋯ 53
伽利略·伽利雷　Galileo Galilei ⋯⋯⋯ 33
伽利略号木星探测器　Galileo ⋯⋯⋯⋯ 57
伽桑狄环形山　Gassendi Crater ⋯⋯⋯ 37
贾科比尼-津纳彗星　Comet Giacobini-Zinner (21P/ Giacobini-Zinner) 71
剑鱼座　Dorado ⋯⋯⋯⋯⋯⋯⋯⋯⋯⋯ 85
角宿一　Spica ⋯⋯⋯⋯⋯⋯⋯⋯⋯⋯⋯ 82
金牛座　Taurus ⋯⋯⋯⋯⋯⋯⋯⋯⋯⋯⋯ 82
金牛座流星雨　Taurids ⋯⋯⋯⋯⋯⋯⋯ 84
金星　Venus ⋯⋯⋯⋯⋯⋯⋯⋯⋯⋯⋯⋯ 24
金星1号探测器　Venera 1 ⋯⋯⋯⋯⋯⋯ 26
金星7号探测器　Venera 7 ⋯⋯⋯⋯⋯⋯ 26
金星13号探测器　Venera 13 ⋯⋯⋯⋯⋯ 26
金星14号探测器　Venera 14 ⋯⋯⋯⋯⋯ 26
金星快车号探测器　Venus Express ⋯⋯ 25
进步号货运飞船　Progress cargo spacecraft 143
鲸鱼座　Cetus ⋯⋯⋯⋯⋯⋯⋯⋯⋯⋯⋯ 84
静地轨道　geostationary orbit ⋯⋯⋯⋯ 157

静海　Mare Tranquillitatis ⋯⋯⋯⋯⋯⋯ 37
酒海　Mare Nectaris ⋯⋯⋯⋯⋯⋯⋯⋯ 37
矩尺座　Norma ⋯⋯⋯⋯⋯⋯⋯⋯⋯⋯⋯ 83
巨洞　cosmic void ⋯⋯⋯⋯⋯⋯⋯⋯⋯ 131
巨爵座　Crater ⋯⋯⋯⋯⋯⋯⋯⋯⋯⋯⋯ 82
巨蛇座　Serpens ⋯⋯⋯⋯⋯⋯⋯⋯⋯⋯ 82
巨蟹座　Cancer ⋯⋯⋯⋯⋯⋯⋯⋯⋯⋯ 82
聚星　multiple star ⋯⋯⋯⋯⋯⋯⋯⋯⋯ 108
绝对星等　absolute magnitude ⋯⋯⋯⋯ 97
均轮　deferent ⋯⋯⋯⋯⋯⋯⋯⋯⋯⋯⋯ 33
卡尔·基南·赛弗特　Carl Keenan Seyfert 127
卡路里盆地　Caloris Basin ⋯⋯⋯⋯⋯ 23
卡罗琳·赫歇尔　Caroline Herschel ⋯⋯ 64
卡西尼号土星探测器　Cassini ⋯⋯⋯⋯ 62
卡西尼环缝　Cassini Division ⋯⋯⋯⋯ 60
卡西尼-惠更斯号土星探测器　Cassini-Huygens 62
开普勒空间望远镜　Kepler space telescope 117
凯克天文台　W. M. Keck Observatory ⋯ 87
坎贝尔环形山　Campbell Crater ⋯⋯⋯ 37
科罗廖夫环形山　Korolev Crater ⋯⋯⋯ 37
可见光　visible light ⋯⋯⋯⋯⋯⋯⋯⋯ 79
克罗狄斯·托勒密　Claudius Ptolemy ⋯ 33
孔雀座　Pavo ⋯⋯⋯⋯⋯⋯⋯⋯⋯⋯⋯ 83
夸奥尔　Quaoar ⋯⋯⋯⋯⋯⋯⋯⋯⋯⋯ 69
莱布尼茨环形山　Leibnitz Crater ⋯⋯⋯ 37
兰姆达4型火箭　Lambda 4 launch vehicle 160
蓝超巨星　blue supergiant star ⋯⋯⋯ 98
老人星　Canopus ⋯⋯⋯⋯⋯⋯⋯⋯⋯ 85
类地行星　terrestrial planet ⋯⋯⋯⋯⋯ 15
类星体　quasar ⋯⋯⋯⋯⋯⋯⋯⋯⋯⋯ 126
冷暗物质　cold dark matter ⋯⋯⋯⋯⋯ 139
冷海　Mare Frigoris ⋯⋯⋯⋯⋯⋯⋯⋯ 37
离心木星　Eccentric Jupiter ⋯⋯⋯⋯⋯ 116
离子彗尾　ion tail ⋯⋯⋯⋯⋯⋯⋯⋯⋯ 70
礼炮1号空间站　Salyut 1 ⋯⋯⋯⋯⋯⋯ 160
联盟-FG运载火箭　Soyuz-FG launch vehicle 146
联盟号飞船　Soyuz spacecraft ⋯⋯⋯⋯ 150
量子理论　quantum theory ⋯⋯⋯⋯⋯ 141
猎户座　Orion ⋯⋯⋯⋯⋯⋯⋯⋯⋯⋯⋯ 84
猎户座大星云　Orion Nebula (M42) ⋯⋯ 110
猎户座飞船　Orion spacecraft ⋯⋯⋯⋯ 150
猎户座流星雨　Orionids ⋯⋯⋯⋯⋯⋯⋯ 84
猎犬座　Canes Venatici ⋯⋯⋯⋯⋯⋯⋯ 82
凌　transit ⋯⋯⋯⋯⋯⋯⋯⋯⋯⋯⋯⋯⋯ 27
六分仪座　Sextans ⋯⋯⋯⋯⋯⋯⋯⋯⋯ 82
六合星　sextuple star ⋯⋯⋯⋯⋯⋯⋯⋯ 108
龙飞船　Dragon spacecraft ⋯⋯⋯⋯⋯ 151
龙宫　162173 Ryugu ⋯⋯⋯⋯⋯⋯⋯⋯ 153
龙形风暴　Dragon Storm ⋯⋯⋯⋯⋯⋯ 61
鹿豹座　Camelopardalis ⋯⋯⋯⋯⋯⋯⋯ 82
罗伯特·戈达德　Robert Hutchings Goddard 160
罗伯特·威尔逊　Robert Woodrow Wilson 137
罗盘座　Pyxis ⋯⋯⋯⋯⋯⋯⋯⋯⋯⋯⋯ 82
罗塞塔号彗星探测器　Rosetta ⋯⋯⋯⋯ 71
旅居者号火星车　Sojourner ⋯⋯⋯⋯⋯ 49

165

旅行者1号空间探测器　Voyager 1	72	
旅行者2号空间探测器　Voyager 2	65	
旅行者号金唱片　Voyager Golden Record	72	
马腹一　Hadar	82	
马赫环形山　Mach Crater	37	
玛蒂尔德　253 Mathilde	53	
玛亚特山　Maat Mons	26	
麦克默多干谷　McMurdo Dry Valleys	155	
麦克斯韦山脉　Maxwell Montes	26	
麦哲伦号金星探测器　Magellan	25	
脉冲星　pulsar	107	
脉动变星　pulsating variable	109	
满月　full moon	40	
幔　mantle	30	
毛利卫　Mamoru Mohri	160	
昴星团　Pleiades	111	
昴星团望远镜　Subaru Telescope	86	
冒纳凯阿火山　Mauna Kea	45	
门捷列夫环形山　Mendeleev Crater	37	
弥漫星云　diffuse nebula	112	
米粒组织　granulation	16	
米歇尔·马约尔　Michel Mayor	161	
密度起伏　density fluctuation	138	
冥王星　Pluto	68	
冥卫二　Nix (Pluto II)	68	
冥卫三　Hydra (Pluto III)	68	
冥卫一　Charon (Pluto I)	68	
命运号实验舱　Destiny	143	
缪斯海　Muses Sea	51	
摩羯座　Capricornus	83	
莫斯科海　Mare Moscoviense	37	
木卫二　Europa (Jupiter II)	58	
木卫三　Ganymede (Jupiter III)	57	
木卫十六　Metis (Jupiter XVI)	55	
木卫十四　Thebe (Jupiter XIV)	55	
木卫十五　Adrastea (Jupiter XV)	55	
木卫四　Callisto (Jupiter IV)	57	
木卫五　Amalthea (Jupiter V)	55	
木卫一　Io (Jupiter I)	56	
木星　Jupiter	54	
牧夫座　Bootes	82	
牧羊犬卫星　shepherd moon	65	
南斗六星　Milk Dipper	83	
南河三　Procyon	82	
南门二（半人马座α星）　Rigil Kent (α Centauri)	82	
南冕座　Corona Australis	83	
南十字座　Crux	82	
南鱼座　Piscis Austrinus	83	
内核　inner core	31	
尼尔·阿姆斯特朗　Neil Armstrong	39	
尼古拉·哥白尼　Nicolaus Copernicus	33	
泥莱　Mudpod	117	
逆行卫星　retrograde satellites	56	
辇道增七　Albireo	82	
鸟神星　Makemake	69	
牛顿环形山　Newton Crater	45	
欧多克索斯　Eudoxus of Cnidus	161	
欧洲南方天文台　European Southern Observatory (ESO)	87	
帕拉纳尔山　Cerro Paranal	87	
抛物面天线　parabolic antenna	88	
皮兰托边火山　Pillan Patera	56	
平衡锤　counterweight	156	
平流层　stratosphere	29	
齐奥尔科夫斯基环形山　Tsiolkovskiy Crater	37	
奇点　singularity	106	
麒麟座　Monoceros	82	
气辉　airglow	28	
气态巨行星　gas giant	15	
气态行星　gaseous planet	75	
汽海　Mare Vaporum	37	
钱德拉X射线天文台　Chandra X-ray Observatory	92	
乔凡尼·卡西尼　Giovanni Cassini	60	
乔凡尼·斯基亚帕雷利　Giovanni Schiaparelli	49	
乔治·勒梅特　Georges Lemaître	161	
壳　crust	30	
穹顶舱　Cupola	143	
丘留莫夫-格拉西缅科彗星　Comet Churyumov-Gerasimenko (67P/C-G)	71	
秋季四边形　Great Square of Pegasus	84	
秋山丰宽　Toyohiro Akiyama	160	
球状星团　globular cluster	111	
热暗物质　hot dark matter	139	
热层　thermosphere	29	
热木星　Hot Jupiter	116	
人马座　Sagittarius	83	
人马座A*　Sagittarius A*	92	
妊神星　Haumea	69	
日出号太阳观测卫星　Hinode (Solar-B)	16	
日珥　prominence	16	
日环食　annular solar eclipse	43	
日冕　corona	17	
日冕物质抛射（CME）　coronal mass ejection (CME)	20	
日偏食　partial solar eclipse	42	
日球层　heliosphere	72	
日球层顶　heliopause	72	
日球层鞘　heliosheath	72	
日全食　total solar eclipse	42	
日食　solar eclipse	42	
日心说　heliocentrism	33	
熔岩　lava	56	
赛德娜　Sedna	69	
赛弗特星系　Seyfert galaxy	127	
三角洲　delta	62	
三角座　Triangulum	83	
三角座星系　Triangulum Galaxy (M33)	133	
散热板　heat radiator	143	
色球层　chromosphere	17	
沙克尔顿环形山　Shackleton Crater	37	
沙漏星云　Engraved Hourglass Nebula (MyCn18)	105	
上地幔　upper mantle	31	

上蛾眉月　waxing crescent ···············41
上弦　first quarter ···············40
蛇夫座　Ophiuchus ···············82
射电波（无线电波）　radio wave ···············79
射电星系　radio galaxy ···············127
参宿七　Rigel ···············84
参宿四　Betelgeuse ···············98
深度撞击号空间探测器　Deep Impact ···············71
深海6500深潜器　Shinkai 6500 ···············59
神冈引力波探测器
　Kamioka Gravitational Wave Detector (KAGRA) ···············93
神秘山　Mystic Mountain ···············113
神舟飞船　Shenzhou spacecraft ···············151
生物圈2号　Biosphere 2 ···············159
圣杯号月球探测器　Gravity Recovery and Interior
　Laboratory (GRAIL) ···············153
失重　weightlessness ···············145
狮子座　Leo ···············82
狮子座I星系　Leo I ···············123
狮子座II星系　Leo II ···············123
狮子座镰刀　Sickle of Leo ···············82
狮子座流星雨　Leonids ···············84
湿海　Mare Humorum ···············37
十字架二　Acrux ···············82
十字架三　Mimosa ···············82
时钟座　Horologium ···············84
食变星　eclipsing variable ···············109
室女座　Virgo ···············82
室女座星系团　Virgo Cluster ···············130
舒梅克-列维9号彗星　Comet Shoemaker-Levy 9 (D/1993 F2) ···············55
疏散星团　open cluster ···············110
曙光号小行星探测器　Dawn ···············153
双筒望远镜　binoculars ···············80
双星　binary star ···············108
双鱼座　Pisces ···············83
双子座　Gemini ···············82
双子座流星雨　Geminids ···············85
水滴号观测卫星　Global Change Observation Mission-
　Water "Shizuku" (GCOM-W1) ···············152
水母星云　Jellyfish Nebula (IC 443) ···············92
水手2号探测器　Mariner 2 ···············48
水手4号探测器　Mariner 4 ···············48
水手8号探测器　Mariner 8 ···············48
水手10号探测器　Mariner 10 ···············23
水手号峡谷　Valles Marineris ···············45
水委一　Achernar ···············84
水星　Mercury ···············22
水星号飞船　Mercury spacecraft ···············151
丝川　25143 Itokawa ···············50
丝川英夫　Hideo Itokawa ···············149
斯皮策空间望远镜　Spitzer Space Telescope (SST) ···············90
斯普特尼克1号　Sputnik 1 ···············160
隼鸟2号小行星探测器　Hayabusa2 ···············153
隼鸟号小行星探测器　Hayabusa ···············50
太空船2号　SpaceShipTwo rocket plane ···············151

太空电梯　space elevator ···············157
太空探索技术公司（SpaceX）　Space Exploration
　Technologies Corp. (SpaceX) ···············151
太阳　Sun ···············16
太阳风　solar wind ···············20
太阳光帆　solar sail ···············153
太阳黑子　sunspot ···············16
太阳能电池板　solar panel ···············143
太阳系　solar system ···············14
太阳耀斑　solar flare ···············17
坦普尔1号彗星　Comet Tempel 1 (9P/Tempel) ···············71
探空气球　sounding balloon ···············29
特快自转　super-rotation ···············24
特洛伊族小行星　Trojan asteroid ···············153
天秤座　Libra ···············82
天赤道　celestial equator ···············82
天顶　zenith ···············83
天顶3F运载火箭　Zenit-3F launch vehicle ···············147
天鹅座　Cygnus ···············82
天鹅座X-1　Cygnus X-1 ···············106
天鹅座飞船　Cygnus spacecraft ···············151
天鸽座　Columba ···············85
天宫一号目标飞行器　Tiangong-1 ···············151
天鹤座　Grus ···············83
天箭座　Sagitta ···············83
天津四　Deneb ···············98
天狼星　Sirius ···············99
天龙座　Draco ···············82
天龙座矮星系　Draco Dwarf ···············123
天炉座　Fornax ···············84
天炉座矮星系　Fornax Dwarf ···············123
天猫座　Lynx ···············82
天琴座　Lyra ···············82
天球　celestial sphere ···············83
天坛座　Ara ···············83
天兔座　Lepus ···············84
天王星　Uranus ···············64
天卫二　Umbriel (Uranus II) ···············65
天卫六　Cordelia (Uranus VI) ···············65
天卫七　Ophelia (Uranus VII) ···············65
天卫三　Titania (Uranus III) ···············65
天卫四　Oberon (Uranus IV) ···············65
天卫五　Miranda (Uranus V) ···············65
天卫一　Ariel (Uranus I) ···············65
天文单位（AU）　astronomical unit ···············14
天蝎座　Scorpius ···············82
天鹰座　Aquila ···············83
瞳号天文卫星　Hitomi (ASTRO-H) ···············152
透镜状星系　lenticular galaxy ···············124
土卫八　Iapetus (Saturn VIII) ···············63
土卫二　Enceladus (Saturn II) ···············63
土卫九　Phoebe (Saturn IX) ···············63
土卫六　Titan (Saturn VI) ···············62
土卫三　Tethys (Saturn III) ···············63
土卫十　Janus (Saturn X) ···············63

土卫十二 Helene (Saturn XII)	63
土卫十三 Telesto (Saturn XIII)	63
土卫十四 Calypso (Saturn XIV)	63
土卫十一 Epimetheus (Saturn XI)	63
土卫四 Dione (Saturn IV)	63
土卫四十二 Fornjot (Saturn XLII)	63
土卫五 Rhea (Saturn V)	63
土卫一 Mimas (Saturn I)	63
土星 Saturn	60
土星5号运载火箭 Saturn V launch vehicle	146
托勒密环形山 Ptolemaeus Crater	37
椭圆星系 elliptical galaxy	124
外核 outer core	30
亡神星 Orcus	69
网罟座 Reticulum	85
望远镜座 Telescopium	83
危海 Mare Crisium	37
威尔逊山天文台 Mount Wilson Observatory	161
威廉·赫歇尔 William Herschel	64
维尔特2号彗星 Comet Wild 2 (81P/Wild)	71
温室气体 greenhouse gas	114
涡状星系 Whirlpool Galaxy (M51a)	133
乌鲁伯格天文台 Ulugh Beg Observatory	161
乌鸦座 Corvus	82
无性生殖 asexual reproduction	117
五车二 Capella	82
五帝座一 Denebola	82
伍默拉沙漠 Woomera	50
武仙座 Hercules	82
吸积盘 vaccretion disk	106
希腊平原 Hellas Planitia	47
希望号实验舱 Japanese Experiment Module (Kibo)	143
喜帕恰斯 Hipparchus of Nicaea	161
系外行星 exoplanet	114
细菌 bacteria	115
阋神星 Eris	69
下地幔 lower mantle	31
下合 inferior conjunction	27
下弦 third quarter	40
夏尔·梅西叶 Charles Messier	125
夏季大三角 Summer Triangle	83
夏普山 Mount Sharp	3
仙后座 Cassiopeia	82
仙女座 Andromeda	82
仙女座星系 Andromeda Galaxy (M32)	87
仙王座 Cepheus	82
显微镜座 Microscopium	83
相对论 theory of relativity	79
象限仪座流星雨 Quadrantids	85
小柴昌俊 Masatoshi Koshiba	161
小鬼星云 Little Ghost Nebula (NGC 6369)	105
小马座 Equuleus	83
小麦哲伦云 Small Magellanic Cloud (SMC)	123
小犬座 Canis Minor	82
小狮座 Leo Minor	82

小行星 asteroid	50
小行星带 asteroid belt	53
小熊座 Ursa Minor	82
小熊座矮星系 Ursa Minor Dwarf	123
蝎虎座 Lacerta	82
蟹状星云 Crab Nebula (M1)	104
心宿二 Antares	82
新视野号空间探测器 New Horizons	69
新月 new moon	41
信风 trade wind	30
信使号水星探测器 MESSENGER	23
星表 star catalogue	125
星尘号彗星探测器 Stardust	71
星辰号服务舱 Zvezda	143
星等 magnitude	82
星际分子云 interstellar molecular cloud	110
星际介质 interstellar medium	72
星际气体 interstellar gas	74
星团 star cluster	110
星系棒 galactic bar	125
星系盘 galactic disk	122
星系团 galaxy cluster	130
星宿一 Alphard	82
星云 nebula	112
星子 planetesimal	35
行星状星云 planetary nebula	105
轩辕十四 Regulus	82
旋臂 spiral arm	121
旋涡星系 spiral galaxy	125
亚轨道飞行 sub-orbital spaceflight	151
亚里士多德环形山 Aristoteles Crater	37
岩质行星 rocky planet	75
氧化剂 oxidizer	146
伊卡洛斯号太阳光帆 IKAROS	5
伊师塔台地 Ishtar Terra	26
宜居带 habitable zone	115
银棒 Galactic bar	121
银河 Milky Way	121
银河系 Milky Way Galaxy	120
银盘 Galactic disk	120
银心 Galactic center	120
银晕 Galactic halo	120
引力波 gravitational wave	93
引力透镜效应 gravitational lens effect	79
印第安座 Indus	83
英仙座 Perseus	82
英仙座流星雨 Perseids	83
鹰状星云 Eagle Nebula (M16)	102
永久冻土 permafrost	46
永久阴影区 permanently shadowed area	23
勇气号火星车 Spirit	160
尤里·加加林 Yuri Gagarin	142
于尔班·勒威耶 Urbain Le Verrier	67
宇航员 astronaut	144
宇宙背景辐射 cosmic background radiation	133

宇宙大尺度结构 large-scale structure of the universe ··········· 133
宇宙飞船 spacecraft ··················· 150
宇宙飞船公司（维珍银河） The Spaceship Company (Virgin Galactic) ··· 151
宇宙喷流 cosmic jet ··················· 103
宇宙神5型运载火箭 Atlas V launch vehicle ········ 147
宇宙线 cosmic ray ··················· 20
宇宙殖民地 space colony ··············· 158
雨海 Mare Imbrium ··················· 37
雨燕天文台 Neil Gehrels Swift Observatory ····· 93
玉夫座 Sculptor ····················· 84
玉夫座矮星系 Sculptor Dwarf ············· 123
御夫座 Auriga ······················ 82
元素 chemical element ················ 36
原地球 proto-Earth ·················· 34
原恒星 protostar ···················· 103
原太阳 protosun ···················· 74
原星系 protogalaxy ·················· 135
原行星 protoplanet ·················· 75
原行星盘 protoplanetary disk ············ 75
圆规座星系 Circinus Galaxy ············· 127
约翰·戈特弗里德·伽勒 Johann Gottfried Galle ··· 67
约翰·格伦 John Glenn ················· 151
约翰·库奇·亚当斯 John Couch Adams ········ 67
约翰尼斯·开普勒 Johannes Kepler ·········· 161
月球 Moon ························· 34
月球车 lunar rover ·················· 39
月球勘测轨道飞行器 Lunar Reconnaissance Orbiter ·· 37
月全食 total lunar eclipse ·············· 43
月食 lunar eclipse ·················· 42
月相 lunar phase ··················· 40
云海 Mare Nubium ··················· 37
陨石 meteorite ····················· 52

陨铁 iron meteorite ·················· 52
灶神星 4 Vesta ····················· 53
造父变星 Cepheid variable ············· 109
折反式望远镜 catodioptric telescope ········ 81
折射式望远镜 refracting telescope ········· 81
真空 vacuum ······················ 134
整流罩 fairing ····················· 148
织女一（织女星） Vega ················ 132
蜘蛛星云 Tarantula Nebula ············· 123
指环星云 Ring Nebula (M57) ············ 105
指令舱 command module ·············· 39
质量 mass ························· 24
质子号运载火箭 Proton launch vehicle ······· 147
智海 Mare Ingenii ··················· 37
智神星 2 Pallas ···················· 53
中间层 mesosphere ·················· 29
中微子 neutrino ···················· 93
中子星 neutron star ·················· 99
终端激波 termination shock ············· 72
周年视差 annual parallax ·············· 97
朱诺号木星探测器 Juno ··············· 153
朱雀号空间望远镜 Suzaku (ASTRO-EII) ······· 92
朱塞普·皮亚齐 Giuseppe Piazzi ·········· 53
侏儒星云 Homunculus Nebula ··········· 4
主序星 main sequence star ············· 77
助推器 booster ····················· 148
撞击坑 crater ······················ 52
撞击器 impactor ···················· 71
子午高原 Meridiani Planum ············· 48
紫外线 ultraviolet ray ················ 20
自适应光学 adaptive optics ············· 87
自转 rotation ······················ 19
钻石环 diamond ring ················· 43

169

读者审查员

　　本图鉴的成功企划离不开广大读者的支持。共有320名读者作为审查员，给本书提供了许多宝贵的意见与建议。下面是这320名热心读者的名单。

相泽穗乃华 / 青木至人 / 赤松杏乃 / 秋叶明香里 / 浅井瑠实子 / 阿部爱实 / 新井绫乃 / 荒井菜菜子 / 有马寿夏 / 有贺朱里 / 安藤瞳 / 家仓千宙 / 井城圆 / 池田小乃果 / 池田真由香 / 井泽由衣 / 石川佳奈 / 石川夏音 / 石榑阳 / 石泽夏实 / 石桥宁宁 / 伊藤亚也香 / 伊藤杏珠 / 伊藤沙莉那 / 伊藤瑠花 / 稻垣萌萌香 / 稻田萌爱 / 井上纱希 / 井原萌 / 岩井渚沙 / 岩下纯 / 岩田真美 / 上田美佳 / 上村理惠 / 内田有纱 / 内田有香 / 海内梦希 / 梅田良子 / 江崎奈绪 / 榎本真衣 / 大泉达雄 / 大川紫苑 / 大草玲奈 / 大口真由 / 大久保奏 / 大久保真彩 / 大岛佳子 / 大田郁美 / 太田沙绫 / 太田妃南 / 大塚比巴 / 大村美音 / 大馆刊奈 / 大山夏奈 / 大和田夏希 / 小笠原梦菜 / 冈村有希 / 冈本亚衣美 / 冈本视由纪 / 小川乃爱 / 小椋彩歌 / 尾崎亚衣 / 尾濑未有 / 小田岛日向子 / 小俣知穗 / 小山凛 / 海田勇树 / 柿沼亚里沙 / 垣畑光绪 / 影山友海 / 柏木茜 / 加藤纱依 / 加藤慎太郎 / 加藤佑奈 / 门胁真步 / 金子真奈 / 镰田日向子 / 上出纹子 / 上村明日香 / 河下未步 / 川岛千晶 / 川副瞳 / 川中智寻 / 川畑萌 / 川村美菜海 / 观世三郎太 / 神田早纪 / 菊川拓哉 / 菊池优希 / 木岛舞香 / 岸本彩 / 木田明日奈 / 北野小雪 / 北山姬梦 / 吉川侑花 / 木丁空 / 木村明日奈 / 木村舞香 / 九之里琴音 / 久米羽奏 / 藏田真子 / 仓持七海 / 桑田千聪 / 高祖皋月 / 合田美和 / 河野红璃亚 / 小坂未玖 / 小高弘子 / 小馆光月 / 后藤佐都 / 小林香乃 / 小林夏帆 / 小林侑里子 / 小林倭央 / 小针清花 / 斋藤优衣 / 酒居香奈 / 酒井茉里名 / 坂井优香 / 崎冈惠子 / 樱井悠宇 / 佐佐木朱理 / 笹泽麻友美 / 贞国有香 / 佐竹凉叶 / 佐藤彩加 / 佐藤樱 / 佐藤清加 / 佐藤舞花 / 佐藤雅弥 / 佐藤优芽 / 佐俣夏纪 / 盐田菜樱子 / 盐原明里 / 重友优衣 / 重松菜奈 / 四宫舜介 / 岛田哲大 / 下江爱莲 / 首藤静香 / 铃木彩爱 / 铃木宁宁 / 铃木阳菜 / 铃木凉士 / 铃木绫太 / 铃村光一 / 须田成美 / 须谷光 / 住森早纪 / 住吉步优 / 关川纱葵 / 濑古刊 / 平彩香 / 高木萌衣 / 高瀬莉奈 / 高田佳奈 / 高桥实夏 / 高桥美帆 / 高桥美帆 / 高桥里惠 / 高桥绫太 / 高桥若奈 / 高原菜摘 / 高宫美香 / 高良唯 / 田口惠海 / 竹内光 / 竹内日向 / 竹内柚果 / 武田明子 / 武田佳穗 / 武田皋月 / 武田遥 / 竹中菜摘 / 龙野真由 / 田中天音 / 田中亚实 / 田中绘菜 / 田中舞衣 / 田中优梨华 / 田中里奈 / 田边隆也 / 田边美贵 / 谷才晖 / 玉置枫 / 玉川穗佳 / 玉山真唯 / 田村夏美 / 千种步美 / 塚田长闲 / 塚田光 / 津田郁花 / 津田棱字 / 富泽七彩 / 富岛由佳子 / 富永步乃枫 / 友次彩奈 / 丰岛礼奈 / 鸟山明日香 / 内藤大贵 / 中井菜摘 / 长江桃香 / 长冈美凉 / 中川晴子 / 中川舞 / 中岛爱理 / 永岛有华 / 中根优菜 / 中野亚美 / 中野日和 / 中野结月 / 长滨优衣 / 中村希美 / 中村桃子 / 七浦杏海 / 西优里花 / 仁科星 / 西原里香 / 西前玲奈 / 西村夏 / 二本木莉奈 / 野崎桃子 / 野村舞 / 桥诘雪菜 / 桥元骏辅 / 服部心暖 / 花泽菜摘 / 马场真白 / 早崎唯 / 林纱梨 / 林真衣 / 林由似子 / 林里音 / 林田弥优 / 羽良灯持美 / 原田亚美 / 番留旬音 / 比嘉美保子 / 东本有希子 / 肥前爱理 / 平井莉奈 / 平川樱 / 广岛寿寿子 / 广瀬茉莉 / 深松加绘 / 福田夏纪 / 福田优人 / 福永悠衣 / 福原稔也 / 藤佳苗 / 藤井爱子 / 藤井真子 / 藤井佑香 / 藤泽百合 / 细川南 / 堀内美弥 / 本乡梦乃 / 本多铃 / 本田奈佑 / 前田明希 / 前田彩花 / 增冈优沙 / 町井琴音 / 町田真海 / 松浦明日香 / 松下木乃美 / 松下阳茉莉 / 松下真由子 / 松田夕奈 / 松原奈央 / 三笠佑野 / 三上侑辉 / 水城陶子 / 光山日菜 / 三宅朱音 / 宫崎万由子 / 宫田铃菜 / 宫本纪子 / 毛利纱矢音 / 森野野风 / 森友梨奈 / 森陆人 / 森居美侑 / 森川真唯 / 森下翔太 / 守田一喜 / 森吉早奈穗 / 八木大翔 / 柳沼香里 / 矢口实佳 / 山形翠 / 山上真代 / 山口香雪 / 山口樱 / 山口渚 / 山崎遥 / 山崎妃夏 / 山崎万理乃 / 山崎桃子 / 山下萌 / 山田萌萌香 / 山村渚 / 山本明日美 / 山本佳代子 / 油布茉里爱 / 汤本芽衣 / 汤本莉绪 / 横田梦未 / 吉井萌笑 / 吉川悠里 / 吉崎爱音 / 吉田早织 / 吉田真由 / 吉见香己路 / 米田千寻 / 渡边绘里子 / 渡边奏波 / 渡边小春 / 渡边风香 / 渡边万叶

[审订]

渡部润一（日本国立天文台　副台长、教授）

[中文版审订]

刘博洋（中国科学院国家天文台与西澳大学联合培养天体物理学专业在读博士）

[执笔]

泉田史杏、远藤芳文、寺门和夫、土屋健、内藤诚一郎、古庄玲子、OFFICE 303

[协助]

佐藤孝子、殿冈英显

[插图、插画]

池下章裕、Akio Makabe

小池菜菜惠（OFFICE 303）

[装帧]

城所润（JUN KIDOKORO DESIGN）

[内文设计]

原口雅之、天野广和、大场由纪（DAI-ART PLANNING DESIGN）

[编辑]

龙健太郎、川村美雪（OFFICE 303）

[摄影、插图]

特别协助：AMANA IMAGES

朝日新闻社 / 阿南市科学中心 / 石垣岛天文台 / 梅园之里天文台 / 金泽大学　米德大辅 / 大林组有限公司 / Vixen有限公司 / 银河之森天文台 / 群马天文台 / 国立天文台 / 仙台市天文台 / 千叶市立乡土博物馆 / 东京大学宇宙线研究所　神冈宇宙基本粒子研究设施 / 东京大学宇宙线研究所　重力波观测研究设施 / 独立行政法人　宇宙航空研究开发机构 / 独立行政法人　海洋研究开发机构 / 鸟取市佐治天文台 / 富山市科学博物馆 / 富山市天文台 / 名古屋大学大学院理学研究科天体物理学研究室 / 兵库县立大学西播磨天文台 / 藤井旭 / 纪美野天文台 / 山口弘悦、理化学研究所 SUZAKU Digital Sky Survey（DSS）/ Alexander Aurichio / Alexander Preuss / Apollo Maniacs / ESO/A.Roquetta / Keith Vanderlinde, National Science Foundation / NASA / NRAO/AUI / Walter Myers

＊ 本书有关JAXA的部分使用了原版初版的图像与介绍。

图书在版编目（CIP）数据

MOVE图鉴.宇宙 / 日本讲谈社编；郭薇译. -- 郑州：大象出版社，2020.6
ISBN 978-7-5711-0581-5

Ⅰ.①M… Ⅱ.①日… ②郭… Ⅲ.①科学知识－青少年读物②宇宙－青少年读物 Ⅳ.①Z228.2②P159-49

中国版本图书馆CIP数据核字(2020)第046815号

《KODANSHA NO UGOKUZUKAN MOVE UCHUU》
©KODANSHA 2012
All rights reserved.
Original Japanese edition published by KODANSHA LTD.
Publication rights for Simplified Chinese character edition arranged with KODANSHA LTD.
Through KODANSHA BEIJING CULTURE LTD. Beijing, China.

著作权合同备案号：豫著许可备字-2019-A-0186

MOVE图鉴 宇宙
MOVE TUJIAN YUZHOU

日本讲谈社 编
郭　薇 译
出 版 人　王刘纯
责任编辑　王　冰
责任校对　毛　路
美术编辑　杜晓燕
封面设计　墨白空间·张静涵
出版发行　大象出版社（郑州市郑东新区祥盛街27号　邮政编码450016）
　　　　　发行科 0371-63863551　总编室 0371-65597936
网　　址　www.daxiang.cn
印　　刷　天津图文方嘉印刷有限公司
经　　销　全国新华书店
开　　本　889mm×1194mm　1/16
印　　张　11
字　　数　342千字
版　　次　2020年6月第1版　2020年6月第1次印刷
定　　价　118.00元

若发现印、装质量问题，影响阅读，请与本公司图书销售中心联系调换。电话：010-64010019

MOVE 图鉴

ISBN: 978-7-5711-0337-8

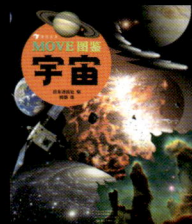

ISBN: 978-7-5711-0581-5

即将出版

恐龙
植物
······